Autores varios

Constitución de El Salvador de 1996

Barcelona **2024**
Linkgua-ediciones.com

Créditos

Título original: Constitución de El Salvador de 1996.

© 2024, Red ediciones S.L.

e-mail: info@linkgua.com

Diseño de cubierta: Michel Mallard.

ISBN rústica: 978-84-9816-131-1.
ISBN ebook: 978-84-9897-160-6.

Sumario

República de El Salvador[1]

Constitución de 1983 y sus reformas hasta 1996
Asamblea Legislativa de la República de El Salvador
La voz y voluntad de los salvadoreños

DECRETO N.º 38.

NOSOTROS, representantes del pueblo salvadoreño reunidos en Asamblea Constituyente, puesta nuestra confianza en Dios, nuestra voluntad en los altos destinos de la Patria y en ejercicio de la potestad soberana que el pueblo de El Salvador nos ha conferido, animados del ferviente deseo de establecer los fundamentos de la convivencia nacional con base en el respeto a la dignidad de la persona humana, en la construcción de una sociedad más justa, esencia de la democracia y al espíritu de libertad y justicia, valores de nuestra herencia humanista,
DECRETAMOS, SANCIONAMOS Y PROCLAMAMOS,
La siguiente:
Constitución

Título I

Capítulo único. La persona humana y los fines del Estado

Artículo 1. El Salvador reconoce a la persona humana como el origen y el fin de la actividad del Estado, que está organizado para la consecución de la justicia, de la seguridad jurídica y del bien común.
En consecuencia, es obligación del Estado asegurar a los habitantes de la República, el goce de la libertad, la salud, la cultura, el bienestar económico y la justicia social.

---

1   Las notas numeradas indican la fecha de aparición de las reformas constitucionales en el Diario oficial de El Salvador.

Título II. Los Derechos y garantías fundamentales de las personas

Capítulo I. Derechos individuales y su régimen de excepción

Sección Primera. Derechos individuales

Artículo 2. Toda persona tiene derecho a la vida, a la integridad física y moral, a la libertad, a la seguridad, al trabajo, a la propiedad y posesión, y a ser protegida en la conservación y defensa de los mismos.

Se garantiza el derecho al honor, a la intimidad personal y familiar y a la propia imagen.

Se establece la indemnización, conforme a la ley, por daños de carácter moral.

Artículo 3. Todas las personas son iguales ante la ley. Para el goce de los derechos civiles no podrán establecerse restricciones que se basen en diferencias de nacionalidad, raza, sexo o religión.

No se reconocen empleos ni privilegios hereditarios.

Artículo 4. Toda persona es libre en la República.

No será esclavo el que entre en su territorio ni ciudadano el que trafique con esclavos. Nadie puede ser sometido a servidumbre ni a ninguna otra condición que menoscabe su dignidad.

Artículo 5. Toda persona tiene libertad de entrar, de permanecer en el territorio de la República y salir de éste, salvo las limitaciones, que la ley establezca.

Nadie puede ser obligado a cambiar de domicilio o residencia sino por mandato de autoridad judicial, en los casos especiales y mediante los requisitos que la ley señale.

No se podrá expatriar a ningún salvadoreño, ni prohibírsele la entrada en el territorio de la República, ni negársele pasaporte para su regreso u otros documentos de identificación. Tampoco podrá prohibírsele la salida del territorio sino por resolución o sentencia de autoridad competente dictada con arreglo a las leyes.

Artículo 6. Toda persona puede expresar y difundir libremente sus pensamientos siempre que no subvierta el orden público, ni lesione la moral, el honor, ni la vida privada de los demás. El ejercicio de este derecho no estará sujeto a previo examen, censura o caución; pero los que haciendo uso de él infrinjan las leyes, responderán por el delito que comentan.

En ningún caso podrá secuestrarse, como instrumentos de delito, la imprenta, sus accesorios o cualquier otro medio destinado a la difusión del pensamiento.

No podrán ser objeto de estatización o nacionalización, ya sea por expropiación o cualquier otro procedimiento, las empresas que se dediquen a la comunicación escrita, radiada o televisada, y demás empresas de publicaciones. Esta prohibición es aplicable a las acciones o cuotas sociales de sus propietarios.

Las empresas mencionadas no podrán establecer tantas distintas o hacer cualquier otro tipo de discriminación por el carácter político o religioso de lo que se publique.

Se reconoce el derecho de respuesta como una protección a los derechos y garantías fundamentales de la persona.

Los espectáculos públicos podrán ser sometidos a censura conforme a la ley.

Artículo 7. Los habitantes de El Salvador tienen derecho asociarse libremente y a reunirse pacíficamente y sin armas para cualquier objeto lícito. Nadie podrá ser obligado a pertenecer a una asociación.

No podrá limitarse ni impedirse a una persona el ejercicio de cualquier actividad lícita, por el hecho de no pertenecer a una asociación.

Se prohíbe la existencia de grupos amados de carácter político, religioso o gremial.

Artículo 8. Nadie está obligado a hacer lo que la ley no manda ni a privarse de lo que ella no prohíbe.

Artículo 9. Nadie puede ser obligado a realizar trabajos o prestar servicios personales sin justa retribución y sin su pleno consentimiento, salvo en los casos de calamidad pública y en los demás señalados por la ley.

Artículo 10. La ley no puede autorizar ningún acto o contrato que implique la pérdida o el irreparable sacrificio de la libertad o dignidad de la persona.

Tampoco puede autorizar convenios en que se pacte proscripción o destierro.

Artículo 11. Ninguna persona puede ser privada del derecho a la vida, a la libertad, a la propiedad y posesión, ni de cualquier otro de sus derechos sin ser previamente oída y vencida en juicio con arreglo a las leyes; ni puede ser enjuiciada dos veces por la misma causa.

La persona tiene derecho al habeas corpus cuando cualquier individuo o autoridad restrinja ilegal o arbitrariamente su libertad. También procederá el habeas corpus cuando cualquier autoridad atente contra la dignidad o integridad física, psíquica o moral de las personas detenidas.

Artículo 12. Toda persona a quien se impute un delito, se presumirá inocente mientras no se pruebe su culpabilidad conforme a la ley y en juicio público, en el que se le aseguren todas las garantías necesarias para su defensa.

La persona detenida debe ser informada de manera inmediata y comprensible, de sus derechos y de las razones de su detención, no pudiendo ser obligada a declarar. Se garantiza al detenido la asistencia de defensor en las diligencias de los órganos auxiliares de la administración de justicia y en los procesos judiciales, en los términos que la ley establezca.

Las declaraciones que se obtengan sin la voluntad de la persona carecen de valor; quien así las obtuviere y empleare incurrirá en responsabilidad penal.

Artículo 13. Ningún órgano gubernamental, autoridad o funcionario podrá dictar órdenes de detención o de prisión si no es de conformidad con la ley, y estas órdenes deberán ser siempre escritas. Cuando un delincuente sea sorprendido in fraganti, puede ser detenido, por cualquier persona, para entregarlo inmediatamente a la autoridad competente.

La detención administrativa no excederá de setenta y dos horas, dentro de las cuales deberá consignarse al detenido a la orden del juez competente, con las diligencias que hubiera practicado.

La detención para inquirir no pasará de setenta y dos horas y el tribunal correspondiente estará obligado a notificar al detenido en persona el motivo de su detención, a recibir su indagatoria y decretar su libertad o detención provisional, dentro de dicho término.

Por razones de defensa social, podrán ser sometidos a medidas de seguridad reeducativas o de readaptación, los sujetos que por su actividad antisocial, inmoral o dañosa, revelen un estado peligroso y ofrezcan riesgos inminentes para la sociedad o para los individuos. Dichas medidas de seguridad deben estar estrictamente reglamentadas por la ley y sometidas a la competencia del Órgano Judicial.

Artículo 14. Corresponde únicamente al órgano judicial la facultad de imponer penas. No obstante la autoridad administrativa podrá sancionar, mediante resolución o sentencia y previo el debido proceso, las contravenciones a las leyes, reglamentos u ordenanzas, con arresto hasta por cinco días o con multa, la cual podrá permutarse por servicios sociales prestados a la comunidad.[7]

Artículo 15. Nadie puede ser juzgado sino conforme a las leyes promulgadas con anterioridad al hecho de que se trate, y por los tribunales que previamente haya establecido la ley.

Artículo 16. Un mismo juez no puede serlo en diversas instancias en una misma causa.

Artículo 17. Ningún órgano, funcionario 0 autoridad, podrá avocarse causas pendientes, ni abrir juicios o procedimientos fenecidos en caso de revisión en materia penal el estado indemnizará conforme a la ley a las víctimas de los errores policiales debidamente comprobados.

Habrá lugar a la indemnización por retardación de justicia. La ley establecerá la responsabilidad directa del funcionario y subsidiariamente la del estado.[8]

Artículo 18. Toda persona tiene derecho a dirigir sus peticiones por escrito, de manera decorosa, a las autoridades legalmente establecidas; a que se le resuelvan, y a que se le haga saber lo resuelto.

Artículo 19. Solo podrá practicarse el registro o la pesquisa de la persona para prevenir o averiguar delitos o faltas.

Artículo 20. La morada es inviolable y solo podrá ingresarse a por consentimiento de la persona que la habita, por mandato judicial, por flagrante delito o peligro inminente de su perpetración, o por grave riesgo de las personas.

La violación de este derecho dará lugar a reclamar indemnización por los daños y perjuicios ocasionados.

Artículo 21. Las leyes no pueden tener efecto retroactivo, salvo en materias de orden público, y en materia penal cuando la nueva ley sea favorable al delincuente.

La Corte Suprema de Justicia tendrá siempre la facultad para determinar, dentro de su competencia, si una ley es o no de orden público.

Artículo 22. Toda persona tiene derecho a disponer libremente de sus bienes conforme a la ley. La propiedad es transmisible en la forma en que determinen las leyes. Habrá libre testamentifacción.

Artículo 23. Se garantiza la libertad de contratar conforme a las leyes. Ninguna persona que tenga la libre administración de sus bienes puede ser privada del derecho de terminar sus asuntos civiles o comerciales por transacción o arbitramento. En cuanto a las que no tengan esa libre administración, la ley determinará los casos en que puedan hacerlo y los requisitos exigibles.

Artículo 24. La correspondencia de toda clase es inviolable, interceptada no hará fe ni podrá figurar en ninguna actuación, salvo en los casos de concurso y quiebra. Se prohíbe la interferencia y la intervención de las comunicaciones telefónicas.

Artículo 25. Se garantiza el libre ejercicio de todas las religiones, sin más límite que el trazado por la moral y el orden público. Ningún acto religioso servirá para establecer el estado civil de las personas.

Artículo 26. Se reconoce la personalidad jurídica de la Iglesia Católica. Las demás iglesias podrán obtener, conforme a la ley, el reconocimiento de su personalidad.

Artículo 27. Solo podrá imponerse la pena muerte en los casos previstos por las leyes militares durante el estado de guerra internacional.

Se prohíbe la prisión por deudas, las penas perpetuas, las infamantes, las proscriptivas y toda especie de tormento.

El Estado organizará los centros penitenciarios con objeto de corregir a los delincuentes, educarlos y formarles hábitos de trabajo, procurando su readaptación y la prevención de los delitos.

Artículo 28. El Salvador concede asilo al extranjero que quiera residir en su territorio, excepto en los casos previstos por las ley y el Derecho Internacional. No podrá incluirse en los casos de excepción a quien sea perseguido solamente por razones políticas.

La extradición no podrá estipularse respecto de nacionales en ningún caso, ni respecto de extranjeros por delitos políticos, aunque por consecuencia de éstos, resultaren delitos comunes.

Sección Segunda. Régimen de excepción

Artículo 29. En casos de guerra, invasión del territorio, rebelión, sedición, catástrofe, epidemia u otra calamidad general, o de graves perturbaciones del orden público, podrán suspenderse las garantías establecidas en los artículos 5, 6 inciso primero, 7 inciso primero y 24 de esta Constitución, excepto cuando se trate de reuniones o asociaciones con fines religiosos, culturales, económicos o deportivos. Tal suspensión podrá afectar la totalidad o parte del territorio de la República, y se hará por medio de decreto del Órgano Legislativo o del Órgano Ejecutivo, en su caso.

También podrán suspenderse las garantías contenidas en los **Artículos** 12 inciso segundo y 13 inciso segundo de esta Constitución, cuando así lo acuerde el Órgano Legislativo, con el voto favorable de las tres cuartas partes de los Diputados electos; no excediendo la detención administrativa de quince días.

INCISO 3.º SUPRIMIDO[1]

Artículo 30. El plazo de suspensión de las garantías constitucionales no excederá de 30 días. Transcurrido este plazo podrá prolongarse la suspensión, por igual período y mediante nuevo decreto, si continúan las circunstancias que la motivaron. Si no se emite tal decreto, quedarán restablecidas de pleno derecho las garantías suspendidas.[1]

Artículo 31. Cuando desaparezcan las circunstancias que motivaron la suspensión de las garantías constitucionales, la Asamblea Legislativa o el Consejo de Ministros, según el caso, deberá restablecer tales garantías.

Capítulo II. Derechos sociales

Sección Primera. Familia

Artículo 32. La familia a la base fundamental de la sociedad y tendrá la protección del Estado, quien dictará la legislación necesaria y creará los organismos y servicios apropiados para su integración, bienestar y desarrollo social, cultural y económico.

El fundamento legal de la familia es el matrimonio y descansa en la igualdad jurídica de los cónyuges.

El Estado fomentará el matrimonio; pero la falta de éste no afectará el goce de les derechos que se establezcan en favor de la familia.

Artículo 33. La ley regulará las relaciones personales y patrimoniales de los cónyuges entre sí y entre ellos y sus hijos, estableciendo los derechos y deberes recíprocos sobre bases equitativas; y creará las instituciones necesarias para garantizar su aplicabilidad. Regulará asimismo las relaciones familiares resultantes de la unión estable de un varón y una mujer.

Artículo 34. Todo menor tiene derecho a vivir en condiciones familiares y ambientales que le permitan su desarrollo integral, para lo cual tendrá la protección del Estado.

La ley determinará los deberes del Estado y creará las instituciones para la protección de la maternidad y de la infancia.

Artículo 35. El Estado protegerá la salud física, mental y moral de los menores, y garantizará el derecho de éstos a la educación y a la asistencia.

La conducta antisocial de los menores que constituya delito o falta estará sujeta a un régimen jurídico especial.

Artículo 36. Los hijos nacidos dentro o fuera de matrimonio y los adoptivos, tienen iguales derechos frente a sus padres. Es obligación de éstos dar a sus hijos protección, asistencia, educación y seguridad.

No se consignará en las actas del Registro Civil ninguna calificación sobre la naturaleza de la filiación, ni se expresará en las partidas de nacimiento el estado civil de los padres.

Toda persona tiene derecho a tener un nombre que la identifique. La ley secundaria regulará esta materia.

La ley determinará así mismo las formas de investigar y establecer la paternidad.

Sección Segunda. Trabajo y seguridad social

Artículo 37. El trabajo es una función social, goza de la protección del Estado, y no se considera **Artículo** de comercio.

El Estado empleará todos los recursos que estén a su alcance para proporcionar ocupación al trabajador, manual o intelectual, y para asegurar a él y a su familia las condiciones económicas de una existencia digna. De igual forma promoverá el trabajo y empleo de las personas con limitaciones o incapacidades físicas, mentales o sociales.

Artículo 38. El trabajo estará regulado por un Código que tendrá por objeto principal armonizar las relaciones entre patronos y trabajadores, estableciendo sus derechos y obligaciones. Estará fundamentado en principios generales que tiendan al mejoramiento de las condiciones de vida de les trabajadores, e incluirá especialmente los derechos siguientes:

1.º En una misma empresa o establecimiento y en idénticas circunstancias, a trabajo igual debe corresponder igual remuneración al trabajador, cualquiera que sea su sexo, raza, credo o nacionalidad;

2.º Todo trabajador tiene derecho a devengar un salario mínimo, que se fijará periódicamente. Para fijar este salario se atenderá sobretodo al costo de la vida, a la índole de la labor, a los diferentes sistemas de remuneración, a las distintas zonas de producción y a otros criterios similares. Este salario deberá ser suficiente para satisfacer las necesidades normales del hogar del trabajador en el orden material, moral y cultural.

En los trabajos a destajo, por ajuste o precio alzado, es obligatorio asegurar el salario mínimo por jornada de trabajo;

3.º El salario y las prestaciones sociales, en la cuantía que determine la ley, son inembargables y no se pueden compensar ni retener, salvo por obligaciones alimenticias. También pueden retenerse por obligaciones de seguridad social, cuotas sindicales o impuestos. Son inembargables los instrumentos de labor de los trabajadores;

4.º El salario debe pagarse en moneda de curso legal. El salario y las prestaciones sociales constituyen créditos privilegiados en relación con los demás créditos que puedan existir contra el patrono;

5.º Los patronos darán a sus trabajadores una prima por cada año de trabajo. La ley establecerá la forma en que se determinará su cuantía en relación con los salarios;

6.º La jornada ordinaria de trabajo efectivo diurno no excederá de ocho horas; y la semana laboral, de cuarenta y cuatro horas.

El máximo de horas extraordinarias para cada clase de trabajo será determinado por la ley.

15

La jornada nocturna y la que se cumpla en tareas peligrosas o insalubres, será inferior a la diurna y estará reglamentada por la ley. La limitación de la jornada no se aplicará en casos de fuerza mayor.

La ley determinará la extensión de las pausas que habrán de interrumpir la jornada cuando, atendiendo a causas biológicas, el ritmo de las tareas así lo exija, y la de aquellas que deberán mediar entre dos jornadas.

Las horas extraordinarias y el trabajo nocturno serán remunerados con recargo;

7.º Todo trabajador tiene derecho a un día de descanso remunerado por cada semana laboral, en la forma que exija la ley.

Los trabajadores que no gocen de descanso en los días indicados anteriormente, tendrán derecho a una remuneración extraordinaria por los servicios que presten en esos días y a un descanso compensatorio;

8.º Los trabajadora tendrán derecho a descanso remunerado en los días de asueto que señala la ley; ésta determinará la clase de labores que regirá en esta disposición, pero en tales casos, los trabajadores tendrán derecho a remuneración extraordinaria;

9.º Todo trabajador que acredite una prestación mínima de servicios durante un lapso dado, tendrá derecho a vacaciones anuales remuneradas en la forma que determinará la ley. Las vacaciones no podrán compensarse en dinero, y a la obligación del patrono de darlas comprende la del trabajador de tomarlas;

10.º Los menores de catorce años, y los que habiendo cumplido esa edad sigan sometidos a la enseñanza obligatoria en virtud de la ley, no podrán ser ocupados en ninguna clase de trabajo.

Podrá autorizarse su ocupación cuando se considere indispensable para la subsistencia de los mismos o de su familia, siempre que ello no le impida cumplir con el mínimo de instrucción obligatoria.

La jornada de los menores de dieciséis años no podrá ser mayor de seis horas diarias y de treinta y cuatro semanales, en cualquier clase de trabajo.

Se prohíbe el trabajo a los menores de dieciocho años y a las mujeres en labores insalubres o peligrosas. También se prohíbe el trabajo nocturno a los menores de dieciocho años.

La ley determinará las labores peligrosas o insalubres;

11.º El patrono que despida a un trabajador sin causa justificada está obligado a indemnizarlo conforme a la ley;

12.º La ley determinará las condiciones bajo las cuales los patronos estarán obligados a pagar a sus trabajadores permanentes, que renuncien a su trabajo, una prestación económica cuyo monto se fijará en relación con los salarios y el tiempo de servicio.

La renuncia produce sus efectos sin necesidad de aceptación del patrono, pero la negativa de éste a pagar la correspondiente prestación constituye presunción legal de despido injusto.

En caso de incapacidad total y permanente o de muerte del trabajador, éste o sus beneficiarios tendrán derecho a las prestaciones que recibirían en el caso de renuncia voluntaria.

Artículo 39. La ley regulará las condiciones en que se celebrarán los contratos y convenciones colectivos de trabajo. Las estipulaciones que éstos contengan serán aplicables a todos los trabajadores de las empresas que los hubieren suscrito, aunque no pertenezcan al sindicato tratante, y también a los demás trabajadores que ingresen a tales empresas durante la vigencia de dichos tratos o convenciones. La ley establecerá el procedimiento para uniformar las condiciones de trabajo en las diferentes actividades económicas, con base en las disposiciones que contenga la mayoría de los contratos y convenciones colectivos de trabajo vigente en cada clase de actividad.

Artículo 40. Se establece un sistema de formación profesional para la capacitación y calificación de los recursos humanos.

La ley regulará los alcances, extensión y forma en que el sistema debe ser puesto en vigor.

El contrato de aprendizaje será regulado por la ley, con el objeto de asegurar al aprendiz enseñanza de un oficio, tratamiento digno, retribución equitativa y beneficios de previsión y seguridad social.

Artículo 41. El trabajador a domicilio tiene derecho a un salario mínimo oficialmente señalado, y al pago de una indemnización por el tiempo que pierda con motivo del retardo del patrono en ordenar o recibir el trabajo o por la suspensión arbitraria o injustificada del mismo. Se reconocerá al trabajador a domicilio una situación jurídica análoga a la de los demás trabajadores, tomando en consideración la peculiaridad de su labor.

Artículo 42. La mujer trabajadora tendrá derecho a un descanso remunerado antes y después del parto, y a la conservación del empleo.

Las leyes regularán la obligación de los patronos de instalar y mantener salas cunas y lugares de custodia para los niños de los trabajadores.

Artículo 43. Los patronos están obligados a pagar indemnización, y a prestar servicios médicos, farmacéuticos y demás que establezcan las leyes, al trabajador que sufra accidente de trabajo o cualquier enfermedad profesional.

Artículo 44. La ley reglamentará las condiciones que deban reunir los talleres, fábricas y locales de trabajo.

El Estado mantendrá un servicio de inspección técnica encargado de velar por el fiel cumplimiento de las normas legales de trabajo, asistencia, previsión y seguridad social, a fin de comprobar sus resultados y sugerir las reformas pertinentes.

Artículo 45. Los trabajadores agrícolas y domésticos tienen derecho a protección en materia de salarios, jornada de trabajo descansos, vacaciones, seguridad social, indemnizaciones por despido y, en general, a las prestaciones sociales. La extensión y naturaleza de los derechos antes mencionado, serán determinadas por la ley de acuerdo con las condiciones y peculiaridades del trabajo. Quienes presten servicio de carácter doméstico en empresas industriales, comerciales, entidades sociales y demás equiparables, serán considerados como trabajadores manuales y tendrán los derechos reconocidos a éstos.

Artículo 46. El Estado propiciará la creación de un Banco de propiedad de los trabajadores.

Artículo 47. Los patronos y trabajadores privados, sin distinción de nacionalidad, sexo, raza, credo o ideas políticas y cualquiera que sea su actividad o la naturaleza del trabajo que realicen, tienen derecho de asociarse libremente para la defensa de sus respectivos intereses, formando asociaciones profesionales o sindicatos. El mismo derecho tendrá los trabajadores de las instituciones oficiales autónomas.

Dichas organizaciones tienen derecho a personalidad jurídica y a ser debidamente protegidas en el ejercicio de sus funciones. Su disolución o suspensión solo podrá decretarse en los casos y con las formalidades determinadas por la ley.

Las normas especiales para la Constitución y funcionamiento de las organizaciones profesionales y sindicales del campo y de la ciudad, no deben coartar la libertad de asociación. Se prohíbe toda cláusula de exclusión.

Los miembros de las directivas sindicales deberán ser salvadoreños por nacimiento, y durante el periodo de su elección y mandato y hasta después de transcurrido un año de haber cesado en sus funciones, no podrán ser despedidos, suspendidos disciplinariamente, trasladados o desmejorados en sus condiciones de trabajo, sino por justa causa calificada previamente por la autoridad competente.

Artículo 48. Los trabajadores tienen derecho a la huelga y los patronos al paro. Para el ejercicio de estos derechos no será necesaria la calificación previa, después de haberse procurado la solución del conflicto que los genera mediante las etapas de solución pacífica establecida por la ley. Los efectos de la huelga el paro se retrotraerán al momento que éstos se inicien.

La ley regulará estos derechos en cuanto a sus condiciones y ejercicio.

Artículo 49. Se establece la jurisdicción especial de trabajo. Los procedimientos en materia laboral serán regulados de tal forma que permitan la rápida solución de los conflictos.

El Estado tiene la obligación de promover la conciliación y el arbitraje, de manera que constituyan medios efectivos para la solución pacífica de los conflictos de trabajo. Podrán establecerse juntas administrativas especiales de conciliación y arbitraje, para la solución de conflictos colectivos de carácter económico o de intereses.

Artículo 50. La seguridad social constituye un servicio público de carácter obligatorio. La ley regulará sus alcances, extensión y forma.

Dicho servicio será prestado por una o varias instituciones, las que deberán guardar entre sí la adecuada coordinación para asegurar una buena política de protección social, en forma especializada y con óptima utilización de los recursos.

Al pago de la seguridad social contribuirán los patronos, los trabajadores y el Estado en la forma y cuantía que determine la ley.

El Estado y los patronos quedarán excluidos de las obligaciones que les imponen las leyes en favor de los trabajadores, en la medida en que sean cubiertas por el Seguro Social.

Artículo 51. La ley determinará las empresas y establecimientos que, por sus condiciones especiales, quedan obligados a proporcionar, al trabajador y a su familia, habitaciones adecuadas, escuelas, asistencia médica y demás servicios y atenciones necesarias para su bienestar.

Artículo 52. Los derechos consagrados en favor de los trabajadores son irrenunciables.

La enumeración de los derechos y beneficios a que este capítulo se refiere no excluye otros que se deriven de los principios de justicia social.

Sección Tercera. Educación, ciencia y cultura

Artículo 53. El derecho a la educación y a la cultura es inherente a la persona humana; en consecuencia, es obligación y finalidad primordial del Estado su conservación, fomento y difusión.

El Estado propiciará la investigación y el quehacer científico.

Artículo 54. El Estado organizará el sistema educativo para lo cual creará las instituciones u servicios que sean necesarios. Se garantiza a las personas naturales y jurídicas la libertad de establecer centros privados de enseñanza.

Artículo 55. La educación tiene los siguientes fines: lograr el desarrollo integral de la personalidad en su dimensión espiritual, moral y social; contribuir a la construcción de una sociedad democrática más próspera, justa y humana; inculcar el respeto a los derechos humanos y la observancia de los correspondientes deberes; combatir todo espíritu de intolerancia y de odio; conocer la realidad nacional e identificarse con los valores de la nacionalidad salvadoreña; y propiciar la unidad del pueblo centroamericano.

Los padres tendrán derecho preferente a acoger la educación de sus hijos.

Artículo 56. Todos los habitantes de la República tienen el derecho y el deber de recibir educación parvularia y básica que los capacite para desempeñarse como ciudadanos útiles. El Estado promoverá la formación de centros de educación especial.

La educación parvularia, básica y especial será gratuita cuando la imparta el Estado.

Artículo 57. La enseñanza que se imparta en los centros educativos oficiales será esencialmente democrática.

Los centros de enseñanza privada estarán sujetos a reglamentación e inspección del Estado y podrán ser subvencionados cuando no tengan fines de lucro.

El Estado podrá tomar a su cargo, de manera exclusiva, la formación del magisterio.

Artículo 58. Ningún establecimiento de educación podrá negarse a admitir alumnos por motivos de la naturaleza de la unión de sus progenitores o guardadores, ni por diferencias sociales, religiosas, raciales o políticas.

Artículo 59. La alfabetización es de interés social. Contribuirán a ella todos los habitantes en la forma que determine la ley.

Artículo 60. Para ejercer la docencia se requiere acreditar capacidad en la forma que la ley disponga.

En todos los centros docentes, públicos o privados, civiles o militares, será obligatoria la enseñanza de la historia nacional, el civismo, la moral, la Constitución de la República, los derechos humanos y la conservación de los recursos naturales.

La historia nacional y la Constitución deberán ser enseñadas por los profesores salvadoreños.

Se garantiza la libertad de cátedra.

Artículo 61. La educación superior se regirá por una ley especial. La Universidad de El Salvador y las demás del Estado gozarán de autonomía en los aspectos docente, administrativo y económico.

Deberán prestar un servicio social, respetando la libertad de cátedra. Se regirán por estatutos enmarcados dentro de dicha ley, la cual sentará los principios generales para su organización y funcionamiento.

Se consignarán anualmente en el Presupuesto del Estado las partidas destinadas al sostenimiento de las universidades estatales y las necesarias para asegurar y acrecentar su patrimonio. Estas instituciones estarán sujetas, de acuerdo con la ley, a la fiscalización del organismo estatal correspondiente.

La ley especial regulará también la creación y funcionamiento de universidades privadas, respetando la libertad de cátedra. Estas universidades prestarán un servicio social y no perseguirán fines de lucro. La misma ley regulará la creación y funcionamiento de los institutos tecnológicos oficiales y privados.

El Estado velará por funcionamiento democrático de las instituciones de educación superior y por su adecuado nivel académico.

Artículo 62. El idioma oficial de El Salvador es el castellano. El gobierno está obligado a velar por su conservación y enseñanza.

Las lenguas autóctonas que se hablan en el territorio nacional forman parte del patrimonio cultural y serán objeto de preservación, difusión y respeto.

Artículo 63. La riqueza artística, histórica y arqueológica del país forma parte del tesoro cultural salvadoreño, el cual queda bajo la salvaguarda del Estado y sujeto a leyes especiales para su conservación.

Artículo 64. Los Símbolos Patrios son: el Pabellón o Bandera Nacional, el Escudo de Armas y el Himno Nacional. Una ley regulará lo concerniente a esta materia.

Sección Cuarta. Salud pública y asistencia social

Artículo 65. La salud de los habitantes de la República constituye un bien público. El Estado y las personas están obligados a velar por su conservación y restablecimiento.

El Estado determinará la política nacional de salud y controlará y supervisará su aplicación.

Artículo 66. El Estado dará asistencia gratuita a los enfermos que carezcan de recursos y a los habitantes en general, cuando el tratamiento constituya un medio eficaz para prevenir la diseminación de una enfermedad transmisible. En este caso, toda persona está obligada a someterse a dicho tratamiento.

Artículo 67. Los servicios de salud pública serán esencialmente técnicos. Se establecen las carretas sanitarias, hospitalarias, paramédicas y de administración hospitalaria.

Artículo 68. Un Consejo Superior de Salud Pública velará por la salud del pueblo. Estará formado por igual número de representantes de los gremios médico, odontológico, químico-farmacéutico y médica veterinario; tendrá un presidente y un secretario de nombramiento del Órgano Ejecutivo, quienes no pertenecerán a ninguna de dichas profesiones. La ley determinará su organización.

El ejercicio de las profesiones que se relacionen de un modo inmediato con la salud del pueblo, será vigilado por organismos legales formados por académicos pertenecientes a cada profesión. Estos organismos tendrán facultad para suspender en el ejercicio profesional a los miembros del gremio bajo su control, cuando ejerzan su profesión con manifiesta inmoralidad o incapacidad. La suspensión de profesionales podrá resolverse por los organismos competentes con solo robustez moral de prueba.

El Consejo Superior de Salud Pública conocerá y resolverá de los recursos que se interpongan en contra de las resoluciones pronunciadas por los organismos a que alude el inciso anterior.

Artículo 69. El Estado proveerá los recursos necesarios e indispensables para el control permanente de la calidad de los productos químicos, farmacéuticos y veterinarios, por medio de organismos de vigilancia.

Asimismo el Estado controlará la calidad de los productos alimenticios y las condiciones ambientales que puedan afectar la salud y el bienestar.

Artículo 70. El Estado tomará a su cargo a los indigentes que, por su edad o incapacidad física o mental, sean inhábiles para el trabajo.

Capítulo III. Los ciudadanos, sus derechos y deberes políticos y el cuerpo electoral

Artículo 71. Son ciudadanos todos los salvadoreños mayores dieciocho años.

Artículo 72. Los derechos políticos ciudadano son:

1.º Ejercer el sufragio;

2.º Asociarse para constituir partidos políticos de acuerdo con la ley e ingresar a los ya constituirlos;

3.º Optar a cargos públicos cumpliendo con los requisitos que determinan esta Constitución y las leyes secundarias.

Artículo 73. Los deberes políticos, del ciudadano son:

1.º Ejercer el sufragio;

2.º Cumplir y velar porque se cumpla la Constitución de la República;

3.º Servir al Estado de conformidad con la ley.

El ejercicio del sufragio comprende, además, el derecho de votar en la consulta popular directa, contemplada en esta Constitución.

Artículo 74. Los derechos de ciudadanía se suspenden por las causas siguientes:

1.º Auto de prisión formal;

2.º Enajenación mental;

3.º Interdicción judicial;

4.º Negarse a desempeñar, sin justa causa, un cargo de elección popular; en este caso, la suspensión durará todo el tiempo que debiera desempeñarse el cargo rehusado.

Artículo 75. Pierden los derechos de ciudadano:

1.º Los de conducta notoriamente viciada;

2.º Los condenados por delito;

3.º Los que compren o vendan votos en las elecciones;

4.º Los que suscriban actas, proclamas o adhesiones para promover o apoyar la reelección o la continuación del Presidente de la República, o empleen medios directos encaminados a ese fin;

5.º Los funcionarios, las autoridades y los agentes de éstas que coarten la libertad del sufragio.

En estos casos, los derechos de ciudadanía se recuperarán por rehabilitación expresa declarada por autoridad competente.

Artículo 76. El cuerpo electoral está formado por todos los ciudadanos capaces de emitir voto.

Artículo 77. Para el ejercicio del sufragio es condición indispensable estar inscrito en el registro electoral elaborado por el tribunal supremo electoral.

Los partidos políticos legalmente inscritos tendrán derecho de vigilancia sobre la elaboración, organización, publicación y actualización del registro electoral.[1]

Artículo 78. El voto será libre, directo, igualitario y secreto.

Artículo 79. En el territorio de la República se establecerán las circunscripciones electorales que determinará la ley. La base del sistema electoral es la población.[1]

Para elecciones de Diputados se adoptará el sistema de representación proporcional.

La ley determinará la forma, tiempo y demás condiciones para el ejercicio del sufragio.

La fecha de las elecciones para Presidente y Vicepresidente de la República, deberá preceder no menos de dos meses ni más de cuatro a la iniciación del periodo presidencial.

Artículo 80. El Presidente y Vicepresidente de la República, los diputados a la Asamblea Legislativa y al Parlamento Centroamericano y los miembros de los concejos municipales, son funcionarios de elección popular.[1]

Cuando en las elecciones de Presidente y Vicepresidente de la República ningún partido político o coalición de partidos políticos, participantes haya obtenido mayoría absoluta de votos de conformidad con el escrutinio practicado, se llevará a cabo una segunda elección entre los dos partidos políticos o coalición de partidos políticos que hayan obtenido mayor número de votos válidos; esta segunda elección deberá celebrarse en un plazo no mayor de treinta días después de haberse declarado firmes los resultados de la primera elección.

Cuando por fuerza mayor o caso fortuito, debidamente calificados por la Asamblea Legislativa, no pudiera efectuarse la segunda elección en el período señalado, la elección se verificará dentro de un segundo período no mayor de treinta días.

Artículo 81. La propaganda electoral solo se permitirá, aun sin previa convocatoria, cuatro mesa antes de la fecha establecida por la ley para la elección de Presidente y Vicepresidente de la República; dos meses antes, cuando se trate de Diputados, y un mes antes en el caso de los Concejos Municipales.

Artículo 82. Los ministros de cualquier culto religioso, los miembros en servicio activo de la fuerza armada y los miembros de la policía nacional civil no podrán pertenecer a partidos políticos ni optar a cargos de elección popular. Tampoco podrán realizar propaganda política en ninguna forma.

El ejercicio del voto lo ejercerán los ciudadanos en los lugares que determine la ley y no podrá realizarse en los recintos de las instalaciones militares o de seguridad pública.[1]

Título III. El Estado, su forma de gobierno y sistema político

Artículo 83. El Salvador es un Estado soberano. La soberanía reside en el pueblo, que la ejerce en la forma prescrita y dentro de los límites de esta Constitución.

Artículo 84. El territorio de la República sobre el cual El Salvador ejerce jurisdicción y soberanía es irreductible y además de la parte continental, comprende:

El territorio insular integrado por las islas, islotes y cayos que enumera la Sentencia de la Corte de Justicia Centroamericana, pronunciada el 9 de marzo de 1917 y que además le corresponden, conforme a otras fuentes del Derecho Internacional; igualmente otras islas, islotes y cayos que también le corresponden conforme al Derecho Internacional.

Las aguas territoriales y en comunidad del Golfo de Fonseca, el cual es una bahía histórica con caracteres de mar cerrado, cuyo régimen está determinado por el derecho internacional y por la sentencia mencionada en el inciso anterior.

El espacio aéreo, el subsuelo y la plataforma continental e insular correspondiente; y además, El Salvador ejerce soberanía y jurisdicción sobre el mar, el subsuelo y el lecho marinos hasta una distancia de 200 millas marinas contadas desde la línea de más baja mareas, todo de conformidad a las regulaciones del derecho internacional.

Los límites del territorio nacional son los siguientes:

AL PONIENTE, con la República de Guatemala, de conformidad a lo establecido en el Tratado de Límites Territoriales, celebrado en Guatemala, el 9 de abril de 1938.

AL NORTE Y AL ORIENTE, en parte, con la República de Honduras, en las secciones delimitadas por el Tratado General de Paz, suscrito en Lima, Perú, el 30 de octubre de 1980. En cuanto a las secciones pendientes de delimitación los límites serán los que se establezcan de conformidad con el mismo Tratado, o en su caso, conforme a cualquiera de los medios de solución pacífica de las controversias internacionales.

AL ORIENTE, en el resto, con las repúblicas de Honduras y Nicaragua en las aguas del Golfo de Fonseca.

Y AL SUR, con el Océano Pacífico.

Artículo 85. El Gobierno es republicano, democrático y representativo. El sistema político es pluralista y se expresa por medio de los partidos políticos, que son el único instrumento para el ejercicio de la representación del pueblo dentro del Gobierno. Las normas, organización y funcionamiento se sujetarán a los principios de la democracia representativa.

La existencia de un partido único oficial es incompatible con el sistema democrático y con la forma de gobierno establecidos en esta Constitución.

Artículo 86. El Poder público emana del pueblo. Los órganos del Gobierno lo ejercerán independientemente dentro de las respectivas atribuciones y competencias que establecen esta Constitución y las leyes. Las atribuciones de les órganos del Gobierno son indelegables, pero éstos colaborarán entre sí en el ejercicio de las funciones públicas.

Los órganos fundamentales del Gobierno son el Legislativo, el Ejecutivo y el Judicial.

Los funcionarios del Gobierno son delegados del pueblo y no tienen más facultades que las que expresamente les da la ley.

Artículo 87. Se reconoce el derecho del pueblo a la insurrección, para el solo objeto de restablecer el orden constitucional alterado por la transgresión de las normas relativas a la forma de gobierno o al sistema político establecidos, o por graves violaciones a los derechos consagrados en esta Constitución.

El ejercicio de esto derecho no producirá la abrogación ni la reforma de esta Constitución y se limitará a separar en cuanto sea necesario a los funcionarios transgresores, reemplazándolos de manera transitoria hasta que sean sustituidos en la forma establecida por esta Constitución.

Las atribuciones y competencias que corresponden a los órganos fundamentales establecidos por esta Constitución, no podrán ser ejercidos en ningún caso por una misma persona o por una sola institución.

Artículo 88. La alternabilidad en el ejercicio de la Presidencia de la República es indispensable para el mantenimiento de la forma de gobierno y sistema político establecidos. La violación de esta norma obliga a la insurrección.

Artículo 89. El Salvador alentará y promoverá la integración, humana, económica, social y cultural con las repúblicas americanas y especialmente con las del istmo centroamericano. La integración podrá efectuarse mediante tratados o convenios con las repúblicas interesadas, los cuales podrán contemplar la creación de organismos con funciones supranacionales.

También propiciará la creación total o parcial de la República de Centro América, en forma unitaria, federal o confederada, con plena garantía de respeto a los principios democráticos y republicanos y de los derechos individuales y sociales de sus habitantes.

El proyecto y bases de la unión se someterán a consulta popular.

Título IV. La nacionalidad

Artículo 90. Son salvadoreños por nacimiento:

1.º Los nacidos en el territorio de El Salvador;

2.º Los hijos de padre o madre salvadoreños, nacidos en el extranjero;

3.º Los originarios de los demás Estados que constituyeron la República Federal de Centro América, que teniendo domicilio en El Salvador, manifiesten ante las autoridades competentes su voluntad de ser salvadoreños, sin que se requiera la renuncia, a su nacionalidad de origen.

Artículo 91. Los salvadoreños por nacimiento, tienen derecho a gozar de la doble o múltiple nacionalidad.

La calidad de salvadoreño por nacimiento solo se pierde por renuncia expresa ante autoridad competente y se recupera por solicitud ante la misma.

Artículo 92. Pueden adquirir la calidad de salvadoreños por naturalización:

1.º Los españoles e hispanoamericanos de origen que tuvieren un año de residencia en el país;

2.º Los extranjeros de cualquier origen que tuvieron cinco años de residencia en el país;

3.º Los que por servicios notables prestados a la República obtengan esa calidad del Órgano Legislativo;

4.º El extranjero casado con salvadoreña o la extranjera casada con salvadoreño que acreditaren dos años de residencia en el país, anteriores o posteriores a la celebración del matrimonio.

La nacionalidad por naturalización se otorgará por autoridades competentes de conformidad con la ley.

Artículo 93. Los tratados internacionales regularán la forma y condiciones en que los nacionales de países que no formaron parte de la República

Federal de Centro América conserven su nacionalidad, no obstante haber adquirido la salvadoreña por naturalización, siempre que se respete el principio de reciprocidad.

Artículo 94. La calidad de salvadoreño naturalizado se pierde:

1.º Por residir más de dos años en el país de origen o por ausencia del territorio de la República por más de cinco años consecutivos, salvo en caso de permiso otorgado conforme a la ley;

2.º Por sentencia ejecutoriada, en los casos que determine la ley. Quien pierda así la nacionalidad, no podrá recuperarla.

Artículo 95. Son salvadoreñas las personas jurídicas constituidas conforme a las leyes de la República, que tengan domicilio legal el país.

Las regulaciones que las leyes establezcan en beneficio de los salvadoreños no podrán vulnerarse por medio de personas jurídicas salvadoreños cuyos socios o capitales sean en su mayoría extranjeros.

Artículo 96. Los extranjeros, desde el instante en que llegaren al territorio de la República, estarán estrictamente obligados a respetar a las autoridades y a obedecer las leyes, y adquirirán derecho a ser protegidos por ellas.

Artículo 97. Las leyes establecerán los casos y la forma en que podrá negarse al extranjero la entrada o la permanencia en el territorio nacional.

Los extranjeros que directa o indirectamente participen en la política interna del país pierden el derecho a residir en él.

Artículo 98. Ni los salvadoreños ni los extranjeros podrán en ningún caso reclamar al gobierno indemnización alguna por daños o perjuicios que a sus personas o a sus bienes causaren las facciones. Solo podrán hacerlo contra los funcionarios o particulares culpables.

Artículo 99. Los extranjeros no podrán ocurrir a la vía diplomática sino en los casos de denegación de justicia y después de agotados los recursos legales que tengan expeditos.

No se entiende por denegación de justicia el que en fallo ejecutoriado sea desfavorable al reclamante. Los que contravengan esta disposición perderán el derecho de residir en el país.

Artículo 100. Los extranjeros estarán sujetos a una ley especial.

Título V. Orden económico

Artículo 101. El orden económico debe responder esencialmente a principios de justicia social, que tiendan a asegurar a todos los habitantes del país una existencia digna del ser humano.

El Estado promoverá el desarrollo económico y social mediante el incremento de la producción, la productividad y la racional utilización de los recursos. Con igual finalidad, fomentará los diversos sectores de la producción y defenderá el interés de los consumidores.

Artículo 102. Se garantiza la libertad económica, en lo que no se oponga al interés social.

El Estado fomentará y protegerá la iniciativa privada dentro de las condiciones necesarias para acrecentar la riqueza nacional y para asegurar los beneficios de ésta al mayor número de habitantes del país.

Artículo 103. Se reconoce y garantiza el derecho a la propiedad privada en función social.

Se reconoce asimismo la propiedad intelectual y artística, por el tiempo y en la forma determinados por la ley.

El subsuelo pertenece al Estado, el cual podrá otorgar concesiones para su explotación.

Artículo 104. Los bienes inmuebles propiedad del Estado podrán ser transferidos a personas naturales o jurídicas dentro de los límites y en la forma establecida por la ley.

La propiedad estatal rústica con vocación agropecuaria que no sea indispensable para las actividades propias del Estado, deberán ser transferidas mediante el pago correspondiente a los beneficiarios de la Reforma Agraria. Podrá también transferirse a corporaciones de utilidad pública.

Artículo 105. El Estado reconoce, fomenta y garantiza el derecho de propiedad privada sobre la tierra rústica, ya sea individual, cooperativa, comunal o en cualquier otra forma asociativa, y no podrá por ningún concepto reducir la extensión máxima de tierra que como derecho de propiedad establece esta Constitución.

La extensión máxima de tierra rústica perteneciente a una misma persona natural o jurídica no podrá exceder de doscientas cuarenta y cinco hectáreas. Esta limitación no será aplicable a las asociaciones cooperativas o comunales campesinas.

Los propietarios de tierra a que se refiere el inciso segundo de este **Artículo**, podrán transferiría, enajenarla, partirla, dividirla o arrendarla libremente. La tierra propiedad de las asociaciones cooperativas, comunales campesinas y beneficiarios de la Reforma Agraria estará sujeta a un régimen especial.

Los propietarios de tierras rústicas cuya extensión sea mayor de doscientas cuarenta y cinco hectáreas, tendrán derecho a determinar de inmediato la parte de la tierra que deseen conservan segregándola e inscribiéndola por separado en el correspondiente Registro de la Propiedad Raíz e Hipotecas.

Los inmuebles rústicos que excedan el límite establecido por esta Constitución y se encuentren en proindivisión, podrán ser objeto de partición entre los copropietarios.

Las tierras que excedan la extensión establecida por esta Constitución podrán ser transferidas a cualquier título a campesinos, agricultores en pequeño, sociedades y asociaciones cooperativas y comunales campesinas. La transferencia a que se refiere este inciso, deberá realizarse dentro de un plazo de tres años. Una ley especial determinará el destino de las tierras que no hayan sido transferidas, al finalizar el periodo anteriormente establecido.

En ningún caso las tierras excedentes a que se refiere el inciso anterior podrán ser transferidas a cualquier título a parientes dentro del cuarto grado de consanguinidad o segundo de afinidad.

El Estado fomentará el establecimiento, financiación y desarrollo de la agroindustria, en los distintos departamentos de la República, a fin de garantizar el empleo de mano de obra y la transformación de materias primas producidas por el sector agropecuario nacional.

Artículo 106. La expropiación procederá por causa de utilidad pública o de interés social, legalmente comprobados, y previa una justa indemnización.

Cuando la expropiación sea motivada por causas provenientes de guerra, de calamidad pública o cuando tenga por objeto el aprovisionamiento de agua o de energía eléctrica, o la construcción de viviendas o de carreteras, caminos o vías públicas de cualquier clase, la indemnización podrá no ser previa.

Cuando lo justifique el monto de la indemnización que deba reconocerse por los bienes expropiados de conformidad con los incisos anteriores, el pago podrá hacerse a plazos, el cual no excederá un conjunto de quince años, en cuyo caso se pagará a la persona expropiada el interés bancario correspondiente. Dicho pago deberá hacerse preferentemente en efectivo.

Se podrá expropiar sin indemnización las entidades que hayan sido creadas con fondos públicos.

Se prohíbe la confiscación ya sea como pena o en cualquier otro concepto. Las autoridades que contravengan este precepto responderán en todo tiempo con sus personas y bienes del daño inferido. Los bienes confiscados son imprescriptibles.

Artículo 107. Se prohíbe toda especie de vinculación, excepto:

1.º Los fideicomisos constituidos a favor del Estado, de los municipios, de las entidades públicas, de las instituciones de beneficencia o de cultura, y de los legalmente incapaces;

2.º Los fideicomisos constituidos por un plazo que no exceda del establecido por la ley y cuyo manejo esté a cargo de bancos o instituciones de crédito legalmente autorizados;

3.º El bien de Familia.

Artículo 108. Ninguna corporación o fundación civil o eclesiástica, cualquiera que sea su denominación u objeto, tendrá capacidad legal para conservar en propiedad o administrar bienes raíces, con excepción de los destinados inmediata y directamente al servicio u objeto de la institución.

Artículo 109. La propiedad de los bienes raíces rústicos no podrá ser adquirida por extranjeros en cuyos países de origen no tengan iguales derechos los salvadoreños, excepto cuando se trate de tierras para establecimientos industriales.

Las sociedades extranjeras y las salvadoreñas a que alude el inciso segundo del **Artículo** 95 de esta Constitución, estarán sujetas a esta regla.

Artículo 110. No podrá autorizarse ningún monopolio sino a favor del Estado o de los Municipios, cuando el interés social lo haga imprescindible. Se podrán establecer estancos a favor del Estado.

A fin de garantizar la libertad empresarial y proteger al consumidor, se prohíben las prácticas monopolísticas.

Se podrá otorgar privilegios por tiempo limitado a los descubridores o inventores, y a los perfeccionadores de los procesos productivos.

El estado podrá tomar a su cargo los servicios públicos cuando los intereses sociales así lo exijan, prestándolo directamente, por medio de las instituciones oficiales autónomas o de los municipios. También le corresponde regular y vigilar los servicios públicos prestados por empresas privadas y la aprobación de sus tarifas, excepto las que se establezcan de conformidad con tratados o convenios internacionales; las empresas salvadoreñas de servicios públicos tendrán sus centros de trabajo y bases de operaciones en el salvador.[3]

Artículo 111. El poder de emisión de especies monetarias corresponde exclusivamente al Estado, el cual podrá ejercerlo directamente o por medio de un instituto emisor de carácter público. El régimen monetario, bancario y crediticio será regulado por la ley.

El Estado deberá orientar la política monetaria con el fin de promover y mantener las condiciones más favorables para el desarrollo ordenado de la economía nacional.

Artículo 112. El Estado podrá administrar las empresas que presten servicios esenciales a la comunidad, con el objeto de mantener la continuidad de los servicios, cuando los propietarios o empresarios se resistan a acatar las disposiciones legales sobre organización económica y social.

También podrá intervenir los bienes pertenecientes a pertenecientes a nacionales de países con los cuales El Salvador se encuentre en guerra.

Artículo 113. Serán fomentadas y protegidas las asociaciones de tipo económico que tiendan a incrementar la riqueza nacional mediante un mejor aprovechamiento de los recursos naturales y humanos, y a promover una justa distribución de los beneficios provenientes de sus actividades. En esta clase de asociaciones, además de los particulares, podrán participar el Estado, los municipios y las entidades de utilidad pública.

Artículo 114. El Estado protegerá y fomentará las asociaciones cooperativas, facilitando su organización, expansión y financiamiento.

Artículo 115. El comercio, la industria y la prestación de servicios en pequeño son patrimonio de los salvadoreños por nacimiento y de los centroamericanos naturales. Su protección, fomento y desarrollo serán objeto de una ley.

Artículo 116. El Estado fomentará el desarrollo de la pequeña propiedad rural. Facilitará al pequeño productor asistencia técnica, créditos y otros medios necesarios para la adquisición y el mejor aprovechamiento de sus tierras.

Artículo 117. Se declara de interés social la protección, restauración, desarrollo y aprovechamiento de los recursos naturales. El Estado creará los incentivos económicos y proporcionará la asistencia técnica necesaria para el desarrollo de programa adecuados.

La protección, conservación y mejoramiento de los recursos naturales y del medio serán objeto de leyes especiales.

Artículo 118. El Estado adoptará políticas de población con el fin de asegurar el mayor bienestar a los habitantes de la República.

Artículo 119. Se declara de interés social la construcción de viviendas. El Estado procurará que el mayor número de familias salvadoreñas lleguen a ser propietarias de su vivienda. Fomentará que todo propietario de fincas rústicas proporcione a los trabajadores residentes habitación higiénica y cómoda, e instalaciones adecuadas a los trabajadores temporales; y al efecto, facilitará al pequeño propietario los medios necesarios.

Artículo 120. En toda concesión que otorgue el estado para la explotación de muelles, ferrocarriles, canales u otras obras materiales de uso público, deberán estipularse el plazo y las condiciones de dicha concesión, atendiendo a la naturaleza de la obra y el monto de las inversiones requeridas. Estas concesiones deberán ser sometidas al conocimiento de la asamblea legislativa para su aprobación.[5]

Título VI. Órganos del Gobierno, atribuciones y competencias

Capítulo I. Órgano Legislativo

Sección Primera. Asamblea Legislativa

Artículo 121. La Asamblea Legislativa es un cuerpo colegiado compuesto por Diputados, elegidos en la forma prescrita por esta Constitución, y a ella compete fundamentalmente la atribución de legislar.

Artículo 122. La Asamblea Legislativa se reunirá en la capital de la República, para iniciar su periodo y sin necesidad de convocatoria, el día primero de mayo del año de la elección de sus miembros. Podrá trasladarse a otro lugar de la República para celebrar sus sesiones, cuando así lo acordare.

Artículo 123. La mayoría de los miembros de la Asamblea será suficiente para deliberar.

Para tomar resolución se requerirá por lo menos el voto favorable de la mitad más uno de los Diputados electos, salvo los casos en que conforme a esta Constitución se requiere una mayoría distinta.

Artículo 124. Los miembros de la Asamblea se renovarán cada tres años y podrán ser reelegidos. El período de sus funciones comenzará el primero de mayo del año de su elección.

Artículo 125. Los Diputados representan al Pueblo entero y no están ligados por ningún mandato imperativo. Son inviolables y no tendrán responsabilidad en tiempo alguno por las opiniones o votos que emitan.

Artículo 126. Para ser elegido Diputado se requiere ser mayor de veinticinco años, salvadoreño por nacimiento, hijo de padre o madre salvadoreño, de notoria honradez e instrucción y no haber perdido los derechos de ciudadano en los cinco años anteriores a la elección.

Artículo 127. No podrán ser candidatos a Diputados:

1.º El Presidente y el Vicepresidente de la República, los Ministros y Viceministros de Estado, el Presidente y los Magistrados de la Corte Suprema de Justicia, los funcionarios de los organismos electorales, los militares de alta, y en general, los funcionarios que ejerzan jurisdicción;

2.º Los que hubiesen administrado o manejado fondos públicos, mientras no obtengan el finiquito de sus cuentas;

3.º Los contratistas de obras o empresas públicas que se costeen con fondos del Estado o del Municipio, sus caucioneros y los que, de resultas de tales obras o empresas tengan pendientes reclamaciones de interés propio;

4.º Los parientes del Presidente de la República dentro del cuarto grado de consanguinidad o segundo de afinidad;

5.º Los deudores de la Hacienda Pública o Municipal que estén en mora;

6.º Los que tengan pendientes contratos o concesiones con el Estado para explotación de riquezas nacionales o de servicios públicos, así como los que hayan aceptado ser representantes o apoderados administrativos de aquéllos, o de sociedades extranjeras que se hallen en los mismos casos.

Las incompatibilidades a que se refiere el ordinal primero de este **Artículo** afectan a quienes hayan desempeñado los cargos indicados dentro de los tres meses anteriores a la elección.

Artículo 128 Los Diputados no podrán ser contratistas ni caucioneros de obras o empresas públicas que se costeen con fondos del Estado o del Municipio; ni tampoco obtener concesiones del Estado para explotación de riquezas nacionales o de servicios públicos, ni aceptar ser representantes o apoderados administrativos de personas nacionales o extranjeras que tengan esos contratos o concesiones.

Artículo 129. Los Diputados en ejercicio no podrán desempeñar cargos públicos remunerados durante el tiempo para el que han sido elegidos, excepto los de carácter docente o cultural, y los relacionados con los servicios profesionales de asistencia social.

No obstante, podrán desempeñar los cargos de Ministros o Viceministros de Estado, Presidentes de Instituciones Oficiales Autónomas, Jefes de Misión Diplomática, Consular o desempeñar Misiones Diplomáticas Especiales. En estos casos, al cesar en sus funciones se reincorporarán a la Asamblea, si todavía está vigente el período de su elección.

Los suplantes pueden desempeñar empleos o cargos públicos sin que su aceptación y ejercicio produzca, la pérdida de la calidad de tales.

Artículo 130. Los Diputados cesarán en su cargo en los casos siguientes:

1.º Cuando en sentencia definitiva fueren condenados por delitos graves;

2.º Cuando incurrieren en las prohibiciones contenidas en el **Artículo** 128 de esta Constitución;

3.º Cuando renunciaren sin justa causa calificada como tal por la Asamblea. En estos casos quedarán inhabilitados para desempeñar cualquier otro cargo público durante el periodo de su elección.

Artículo 131. Corresponde a la Asamblea Legislativa:

1.º Decretar su reglamento interior;

2.º Aceptar o desechar las credenciales de sus miembros, recibir a éstos la protesta constitucional, y deducirles responsabilidades en los casos previstos por esta Constitución;

3.º Conocer de las renuncias que presentaren los Diputados, admitiéndolas cuando se fundaron en causas justas legalmente comprobadas;

4.º Llamar a los Diputados suplentes en caso de muerte, renuncia, nulidad de elección, permiso temporal o imposibilidad de concurrir de los propietarios;

5.º Decretar, interpretar auténticamente, reformar y derogar las leyes secundarias;

6.º Decretar impuestos, tasas y demás contribuciones sobre toda clase de bienes, servicios e ingresos, en relación equitativa; y en caso de invasión, guerra legalmente declarada o calamidad pública, decretar empréstitos forzosos en la misma relación, si no bastaren las rentas públicas ordinarias.

7.º Ratificar los tratados o pactos que celebre el Ejecutivo con otros Estados u organismos internacionales, o denegar su ratificación;

8.º Decretar el Presupuesto de Ingresos y Egresos de la Administración pública, así como sus reformas;

9.º Crear y suprimir plazas y asignar sueldos a los funcionarios y empleados de acuerdo con el régimen de Servicio Civil;

10.º Aprobar su presupuesto y sistema de salarios, así como sus reformas, consultándolos previamente con el Presidente de la República para el solo efecto de garantizar que existan los fondos necesarios para su cumplimiento. Una vez aprobado dicho presupuesto se incorporará al Presupuesto de Ingresos y Egresos de la Administración Pública;

11.º Decretar, de una manera general, beneficios e incentivos fiscales o de cualquier naturaleza, para la promoción de actividades culturales, científicas, agrícolas, industriales, comerciales o de servicios;

12.º Decretar leyes sobre el reconocimiento de la deuda pública y crear y asignar los fondos necesarios para su pago;´

13.º Establecer y regular el sistema monetario nacional y resolver sobre la admisión y circulación de la moneda extranjera;

14.º Recibir la protesta constitucional y dar posesión de su cargo a los ciudadanos que conforme a la ley, deban ejercer la presidencia y Vicepresidencia de la República;

15.º Resolver sobre renuncias interpuestas y licencias solicitadas por el presidente y el Vicepresidente de la República y los Designados, previa ratificación Personal ante la misma Asamblea;

16.º Desconocer obligatoriamente al presidente de la República o al que haga sus voces cuando terminado su período constitucional continúe en el ejercicio del cargo. En tal caso, si no hubiere persona legalmente llamada para el ejercicio de la presidencia designará un Presidente Provisional;

17.º Elegir, para todo el período presidencial respectivo, en votación nominal y pública, a dos personas que en carácter de Designados deban ejercer la Presidencia de la República, en los casos y en el orden determinado por esta Constitución;

18.º Recibir el informe de labores que debe rendir el Ejecutivo por medio de sus Ministros, y aprobarlo o desaprobarlo;

19.º Elegir por votación nominal y pública a los siguientes funcionarios: Presidente y Magistrados de la Corte Suprema de Justicia, Presidente y Magistrados del Tribunal Supremo Electoral, Presidente y Magistrados de la Corte de Cuentas de la República, Fiscal General de la República, Procurador General de la República, Procurador para la Defensa de los Derechos Humanos y miembros del Consejo Nacional de la Judicatura;[1]

20.º Declara, con no menos de los dos tercios de votos de los Diputados electos, la incapacidad física o mental del Presidente, del Vicepresidente de la República y de los funcionarios electos por la Asamblea para el ejercicio de cargos, previo dictamen unánime de una Comisión de cinco médicos nombrados por la Asamblea;

21.º Determinar las atribuciones y competencias de los diferentes funcionarios cuando por esta Constitución no se hubiese hecho;

22.º Conceder, a personas o poblaciones, títulos, distinciones honoríficas y gratificaciones compatibles con la forma de gobierno establecida, por servicios relevantes prestados a la Patria.

No obstante, se prohíbe que tales títulos, distinciones y gratificaciones se concedan, mientras desempeñen sus cargos, a los Funcionarios siguientes: Presidente y Vicepresidente de la República, Ministros y Viceministros de Estado, Diputados a la Asamblea Legislativa, y Presidente y Magistrados de la Corte Suprema de Justicia;

23.º Conceder permiso a los salvadoreños para que acepten distinciones honoríficas otorgada, por gobiernos extranjeros;

24.º Conceder permisos o privilegios temporales por actividades o trabajos culturales o científicos;

25.º Declarar la guerra y ratificar la paz, con base en los informes que le proporcione el Órgano Ejecutivo;

26.º Conceder amnistía por delitos políticos o comunes conexos con éstos, o por delitos comunes cometidos por un número de personas que no baje de veinte; y conceder indultos, previo informe favorable de la Corte Suprema de Justicia;

27.º Suspender y restablecer las garantías constitucionales de acuerdo con el **Artículo** 29 de esta Constitución en votación nominal y pública con los dos tercios de votos, por lo menos, de los Diputados electos;

28.º Conceder o negar permiso a los salvadoreños para que acepten cargos diplomáticos o consulares que deban ser ejercidos en El Salvador;

29.º Permitir o negar el tránsito de tropas extranjeras por el territorio de la República, y el estacionamiento de naves; o aeronaves de guerra de otros países, por más tiempo del establecido en los tratados o prácticas internacionales;

30.º Aprobar las concesiones a que se refiere el **Artículo** 120 de esta Constitución;

31.º Erigir jurisdicciones y establecer cargos, a propuesta de la Corte Suprema de Justicia, para que los Funcionarios respectivos conozcan en toda clase de causas criminales, civiles, mercantiles, laborales, contencioso-administrativas, agrarias y otras,

32.º Nombrar comisiones especiales para la investigación de asuntos de interés nacional y adoptar los acuerdos o recomendaciones que estime necesarios, con base en el informe de dichas comisiones;

33.º Decretar los Símbolos Patrios;

34.º Interpelar a los ministros o encargados del despacho y a los presidentes de Instituciones Oficiales Autónomas;

35.º Calificar la fuerza mayor o el caso fortuito a que se refiere el último inciso del **Artículo** 80;

36.º Recibir el informe de labores que debe rendir el Fiscal General de la República, el Procurador General de la República, el Procurador para la Defensa de los Derechos Humanos, el Presidente de la Corte de Cuentas de la República y el Presidente del Banco Central de Reserva de El Salvador;[1]

37.º Recomendar a la presidencia de la República la destitución de los Ministros de Estado; o a los organismos correspondientes, la de funcionarios de instituciones oficiales autónomas, cuando así lo estime conveniente, como resultado de la investigación de sus comisiones especiales o de la interpelación, en su caso. La resolución de la Asamblea será vinculante cuando se refiera a los Jefes de Seguridad Pública o de Inteligencia de Estado por causa de graves violaciones de los derechos humanos;[1]

38.º Ejercer las demás atribuciones que le señale esta Constitución.

Artículo 132. Todos los funcionarios y empleados públicos, incluyendo los de Instituciones Oficiales Autónomas y los miembros de la Fuerza Armada, están en la obligación de colaborar con las Comisiones Especiales de la Asamblea Legislativa; y la comparecencia y declaración de aquéllos así como las de cualquier otra persona, requeridas por las mencionadas comisiones, serán obligatorias bajo los mismos apercibimientos que se observan en el procedimiento judicial.

Las conclusiones de las comisiones especiales de investigación de la Asamblea Legislativa no serán vinculantes para los tribunales, ni afectarán los procedimientos o las resoluciones judiciales, sin perjuicio de que el resultado sea comunicado a la Fiscalía General de la República para el ejercicio de acciones pertinentes.

Sección Segunda. La ley, su formación, promulgación y vigencia

Artículo 133. Tienen exclusivamente iniciativa de ley:

1.º Los Diputados;

2.º El Presidente de la República, por medio de sus Ministros;

3.º La Corte Suprema de Justicia en materias relativas al Órgano Judicial, al ejercicio del notariado y de la abogacía, y a la jurisdicción y competencia de los Tribunales;

4.º Los Concejos Municipales en materia de impuestos municipales.

Artículo 134. Todo proyecto de ley que se apruebe deberá estar firmado por la mayoría de los miembros de la Junta Directiva se guardará un ejemplar en la Asamblea y se enviarán dos al Presidente de la República.)

Artículo 135. Todo proyecto de ley, después de discutido y aprobado, se trasladará a más tardar dentro de diez días al Presidente de la República, y si éste no tuviere objeciones, le dará su sanción y lo hará publicar como ley, no será necesaria la sanción del Presidente de la República en los casos de los ordinales 1.º, 2.º, 3.º, 4.º, 14.º, 15.º, 16.º, 17.º, 18.º, 19.º, 20.º, 32.º, 34.º, 35.º, 36.º, y 37.º del **Artículo** 131 de esta Constitución y en los antejuicios en que conozca la Asamblea.[1]

Artículo 136. Si el Presidente de la República no encontrare objeción al proyecto recibido, firmará los dos ejemplares, devolverá uno a la Asamblea, dejará el otro en su archivo, y hará publicar el texto como ley en el órgano oficial correspondiente.[1]

Artículo 137. Cuando el Presidente de la República vetare un proyecto de ley, lo devolverá a la Asamblea dentro de los ocho días siguientes al de su recibo, puntualizando las razones en que funda su veto; si dentro del término expresado, no lo devolviere se tendrá por sancionado y lo publicará como ley.

En caso de veto, la asamblea reconsiderará el proyecto, y si lo ratificare con los dos tercios de votos por lo menos, de los diputados electos, lo enviará de nuevo al presidente de la república, y este deberá sancionarlo y mandarlo a publicar.

Si lo devolviere con observaciones, la asamblea las considerará y resolverá, lo que crea conveniente por la mayoría establecida en el **Artículo** 123, y lo enviará al presidente de la república, quien deberá sancionarlo y mandarlo a publicar.[1]

Artículo 138. Cuando la devolución de un proyecto de ley se deba a que el presidente de la república lo considera inconstitucional y el órgano, legislativo lo ratifica en la forma establecida en el **Artículo** que antecede deberá el presidente de la república dirigirse a la corte suprema de justicia dentro del tercero día para que ésta oyendo las razones de ambos, decida si es 0 no constitucional, a más tardar dentro de quince días. Si la corte decidiere que el proyecto es constitucional, el presidente de la república estará en la obligación de sancionarlo y publicarlo como ley.[1]

Artículo 139. El término para la publicación de las leyes será de quince días. Si dentro de ese término el presidente de la república no las publicare, el presidente de la asamblea legislativa lo hará en el diario oficial o en cualquier otro diario de los de mayor circulación de la república.[1]

Artículo 140. Ninguna ley obliga sino en virtud de su promulgación y publicación. Para que una ley de carácter permanente sea obligatoria deberán transcurrir, por lo menos, ocho días después de su publicación. Este plazo podrá ampliarse, pero no restringirse.

Artículo 141. En caso de evidente error en la impresión del texto de la ley, se volverá a publicar, a más tardar dentro de diez días. Se tendrá la última publicación como su texto auténtico; y de la fecha de la nueva publicación se contará el término para su vigencia.

Artículo 142. Para interpretar, reformar o derogar las leyes se observarán los mismos trámites que para su formación.

Artículo 143. Cuando un proyecto de ley fuere desechado, o no fuere ratificado, no podrá ser propuesto dentro de los próximos seis meses.

Sección Tercera
Tratados

Artículo 144. Los tratados internacionales celebrados por El Salvador con otros estados o con organismos internacionales, constituyen leyes de la República al entrar en vigencia, conforme a las disposiciones del mismo tratado y de esta Constitución.

La ley no podrá modificar o derogar lo acordado en un tratado vigente para El Salvador. En caso de conflicto entre el tratado y la ley, prevalecerá el tratado.

Artículo 145. No se podrán ratificar los tratados en que se restrinjan o afecten de alguna manera las disposiciones constitucionales, a menos que la ratificación se haga con las reservas correspondientes. Las disposiciones del tratado sobre las cuales se hagan las reservas no son ley de la República.

Artículo 146. No podrán celebrarse o ratificarse tratados u otorgarse concesiones en que de alguna manera se altere la forma de gobierno o se lesionen o menoscaben la integridad del territorio, la soberanía e independencia de la República o los derechos y garantías fundamentales de la persona humana. Lo dispuesto en el inciso tener se aplica a los tratados internacionales o contratos con gobiernos o empresas nacionales, internacionales en los cuales se someta el Estado salvadoreño, a la jurisdicción de un tribunal de un Estado extranjero.

Lo anterior no impide que, tanto en los tratados como en los contratos, el Estado salvadoreño en caso de controversia, someta la decisión a un arbitraje o a un tribunal internacionales.

Artículo 147. Para la ratificación de todo tratado o pacto por el cual se someta a arbitraje cualquier cuestión relacionada con los límites de la República, será necesario el voto de las tres cuartas partes, por lo menos, de los Diputados electos.

Cualquier tratado o convención que célebre el Órgano Ejecutivo referente al territorio nacional requerirá también el voto de las tres cuartas partes, por lo menos, de los Diputados electos.

Artículo 148. Corresponde a la Asamblea Legislativa facultar al Órgano Ejecutivo para que contrate empréstitos voluntarios, dentro o fuera de la República, cuando una grave y urgente necesidad lo demande, y para que garantice obligaciones contraídas por entidades estatales o municipales de interés público.

Los compromisos contraídos, de conformidad con esta disposición deberán ser sometidos al conocimiento del Órgano Legislativo, el cual no podrá aprobarlos con menos de los dos tercios de votos de los Diputados electos.

El decreto legislativo en que se autorice la emisión o contratación de un empréstito deberá expresar claramente el fin a que se destinarán los fondos de éste y, en general, todas las condiciones esenciales de la operación.

Artículo 149. La facultad de declarar la inaplicabilidad de las disposiciones de cualquier tratado contrarias a los preceptos constitucionales, se ejercerá por los tribunales dentro de la potestad de administrar justicia.

La declaratoria de inconstitucionalidad de un tratado, de un modo general y obligatorio, se hará en la misma forma prevista por esta Constitución para las leyes, decretos y reglamentos.

Capítulo II. Órgano ejecutivo

Artículo 150. El Presidente y el Vicepresidente de la República, los Ministros y Viceministros de Estado y sus funcionarios dependientes, integran el Órgano Ejecutivo.

Artículo 151. Para ser elegido Presidente de la República se requiere: ser salvadoreño por nacimiento, hijo de padre o madre salvadoreño; del estado seglar, mayor de treinta años de edad, de moralidad e instrucción notorias; estar en el ejercicio de los derechos de ciudadano, haberlo atado en los seis años anteriores a la elección y estar afiliado a uno de los partidos políticos reconocidos legalmente.

Artículo 152. No podrán ser candidatos a Presidente de la República:

1.º El que haya desempeñado la Presidencia de la República por más de seis meses, consecutivos o no, durante el período inmediato anterior, o dentro de los últimos seis meses anteriores al inicio del periodo presidencial;

2.º El cónyuge y los parientes dentro del cuarto grado de consanguinidad o segundo de afinidad de cualquiera de las personas que hayan ejercido la Presidencia en los casos del ordinal anterior;

3.º El que haya sido Presidente de la Asamblea Legislativa o Presidente de la Corte Suprema de Justicia durante el año anterior al día del inicio del período presidencial;

4.º El que haya sido Ministro, Viceministro de Estado o Presidente de alguna institución oficial autónoma y el Director General de la Policía Nacional Civil, dentro del último año del período presidencial inmediato anterior.[1]

5.º Los militares de profesión que estuvieren de alta o que lo hayan estado en los tres años anteriores al día del inicio del período presidencial;

6.º El Vicepresidente o Designado que llamado legalmente a ejercer la Presidencia en el período inmediato anterior, se negare a desempeñarla sin justa causa, entendiéndose que ésta existe cuando el Vicepresidente o Designado manifieste su intención de ser candidato a la Presidencia de la República, dentro de los seis meses anteriores al inicio del período presidencial;

7.º Las personas comprendidas en los ordinales 2.º, 3.º, 4.º, 5.º y 6.º, del **Artículo** 127 de esta Constitución.

Artículo 153. Lo dispuesto en los dos artículos anteriores se aplicará al Vicepresidente de la República y a los Designados a la Presidencia.

Artículo 154. El período presidencial será de cinco años y comenzará y terminará el día primero de junio, sin que la persona que haya ejercido la Presidencia pueda continuar en sus funciones ni un día más.

Artículo 155. En defecto del Presidente de la República, por muerte, renuncia, remoción u otra causa, lo sustituirá el Vicepresidente; a falta de éste, uno de los Designados por el orden de su nominación, y si todos estos faltaran por cualquier causa legal, la Asamblea designará la persona que habrá de sustituirlo.

Si la causa que inhabilite al Presidente para el ejercicio del cargo durare más de seis meses, la persona que lo sustituya conforme al inciso anterior terminará el periodo presidencial.

Si la inhabilidad del Presidente fuere temporal, el sustituto ejercerá el cargo únicamente mientras dure aquélla.

Artículo 156. Los cargos de Presidente y de Vicepresidente de la República y los de Designados, solamente son renunciables por causa grave debidamente comprobada, que calificará la Asamblea.

Artículo 157. El Presidente de la República es el Comandante General de la Fuerza Armada.

Artículo 158. Se prohíbe al Presidente de la República salir del territorio nacional sin licencia de la Asamblea Legislativa.

Artículo 159. Para la gestión de los negocios públicos habrá las Secretarías de Estado que fueren necesarias, entre las cuales se distribuirán los diferentes Ramos de la Administración. Cada Secretaría estará a cargo de un Ministro, quien actuará con la colaboración de uno o más Viceministros. Los Viceministros sustituirán a los Ministros en los casos determinados por la ley. La defensa nacional y la seguridad pública estarán adscritas a ministerios diferentes. La seguridad pública estará a cargo de la Policía Nacional Civil, que será un cuerpo profesional, independiente de la fuerza armada y ajeno a toda actividad partidista.[2]

La Policía Nacional Civil tendrá a su cargo las funciones de policía urbana y policía rural que garanticen el orden, la seguridad y la tranquilidad pública, así como la colaboración en el procedimiento de investigación del delito, y todo ello con apego a la ley y estricto respeto a los derechos humanos.[29]

Artículo 160. Para ser Ministro o Viceministro de Estado se requiere ser salvadoreño por nacimiento, mayor de veinticinco años de edad, del estado seglar, de moralidad e instrucción notorias; estar en el ejercido de los derechos de ciudadano y haberlo estado en los seis años anteriores a su nombramiento.

Artículo 161. No podrán ser Ministros ni Viceministros de Estado las personas comprendidas en los ordinales 2.º, 3.º, 4.º, 5.º y 6.º, del **Artículo** 127 de esta Constitución.

Artículo 162. Corresponde al Presidente de la República nombrar, remover, aceptar renuncias y conceder licencias a los ministros y viceministros de Estado, así como al Jefe de Seguridad Pública y al de Inteligencia de Estado[2]

Artículo 163. Los decretos, acuerdos, órdenes y providencias del Presidente de la República deberán ser refrendados y comunicados por los ministros en sus respectivos ramos, o por los viceministros en su caso. Sin estos requisitos no tendrán autenticidad legal.[1]

Artículo 164. Todos los decretos, acuerdos, órdenes y resoluciones que los funcionarios del Órgano Ejecutivo emitan, excediendo las facultades que esta Constitución establece, serán nulos y no deberán ser obedecidos, aunque se den a reserva de someterlos a la aprobación de la Asamblea Legislativa.

Artículo 165. Los Ministros o Encargados del despacho y Presidente de Instituciones Oficiales Autónomas deberán concurrir a la Asamblea Legislativa para contestar las interpelaciones que se les hicieren.

Los funcionarios llamados a interpelación que sin justa causa se negaran a concurrir, quedarán, por el mismo hecho, depuestos de sus cargos.

Artículo 166. Habrá un Consejo de Ministros integrado por el Presidente, y el Vicepresidente de la República y las Ministros de Estado o quienes hagan sus veces.

Artículo 167. Corresponde al Consejo de Ministros:

1.º Decretar el Reglamento Interno del Órgano Ejecutivo y su propio reglamento;

2.º Elaborar el plan general del Gobierno;

3.º Elaborar el proyecto de presupuesto de ingresos y egresos y presentarlo a la Asamblea Legislativa, por lo manos tres meses antes de que se inicie el nuevo ejercicio fiscal.

También conocerá de las reformas a dicho presupuesto cuando se trate de transferencias entre partidas de distintos Ramos de la Administración Pública;

4.º Autorizar la erogación de sumas que no hayan sido incluidas en los presupuestos, a fin de satisfacer necesidades provenientes de guerra, de calamidad pública o de grave perturbación del orden, si la Asamblea Legislativa no estuviere reunida, informando inmediatamente a la Junta Directiva de la misma, de las causas que motivaron tal medida, a efecto de que reunida que fuere ésta, apruebe o no los créditos correspondientes;

5.º Proponer a la Asamblea Legislativa la suspensión de garantías constitucionales a que se refiere al **Artículo** 29 de esta Constitución;

6.º Suspender y restablecer las garantías constitucionales a que se refiere el **Artículo** 29 de esta Constitución, si la Asamblea Legislativa no estuviere reunida. En el primer caso, dará cuenta inmediatamente a la Junta Directiva de la Asamblea Legislativa, de las causas que motivaron tal medida y de los actos que haya ejecutado en relación con ésta;

7.º Convocar extraordinariamente a la Asamblea Legislativa, cuando los intereses de la República lo demanden;

8.º Conocer y decidir sobretodos los asuntos que someta a su consideración el Presidente de la República.

Artículo 168. Son atribuciones y obligaciones del Presidente de la República:

1.º Cumplir y hacer cumplir la Constitución los tratados, las leyes y demás disposiciones legales;

2.º Mantener ilesa la soberanía de la República y la integridad del territorio;

3.º Procurar la armonía social y conservar la paz y tranquilidad interiores y la seguridad de la persona humana como miembro de la sociedad;

4.º Celebrar tratados y convenciones internacionales, someterlos a la ratificación de la Asamblea Legislativa, y vigilar su cumplimiento;

5.º Dirigirlas relaciones exteriores;

6.º Presentar por conducto de los Ministros, a la Asamblea Legislativa, dentro de los dos meses siguientes a la terminación de cada año, el informe de labores de la Administración Pública en el año transcurrido. El Ministro de Hacienda presentará además, dentro de los tres meses siguientes a la terminación de cada periodo fiscal, la cuenta general del último presupuesto y el estado demostrativo de la situación del Tesoro Público y el Patrimonio Fiscal.

Si dentro de esos términos no se cumpliere con estas obligaciones, quedan por el mismo hecho depuesto el Ministro que no lo verifique, lo cual será notificado al Presidente de la República inmediatamente, para que nombre el sustituto. Este presentará dentro de los treinta días siguientes el informe correspondiente. Si aún en este caso no se cumpliere con lo preceptuado, quedará depuesto el nuevo Ministro;

7.º Dar a la Asamblea Legislativa los informes que ésta le pida, excepto cuando se trate de planes militares secretos. En cuanto a negociaciones políticas que fuere necesario mantener en reserva, el Presidente de la República deberá advertirlo, para que se conozca de ellas en sesión secreta;

8.º Sancionar, promulgar y publicar las leyes y hacerlas ejecutar;

9.º Proporcionar a los funcionarios del orden judicial, los auxilios que necesiten para hacer efectivas sus providencias;

10.º Conmutar penas, previo informe y dictamen favorable de la Corte Suprema de Justicia;

11.º Organizar, conducir y mantener la fuerza armada, conferir los grados militares y ordenar el destino, cargo, o la baja de los oficiales de la misma, de conformidad con la ley;[2]

12.º Disponer de la fuerza armada para la defensa de la soberanía, del Estado, de la integridad de su territorio, excepcionalmente, si se han agotado los medios ordinarios para el mantenimiento de la paz interna, la tranquilidad y la seguridad pública, el Presidente de la República podrá disponer de la fuerza armada para ese fin. La actuación de la fuerza armada se limitará al tiempo y a la medida de lo estrictamente necesario para el restablecimiento del orden y cesará tan pronto se haya alcanzado ese cometido. El Presidente de la República mantendrá informada sobre tales actuaciones a la Asamblea Legislativa, la cual podrá, en cualquier momento, disponer el cese de tales medidas excepcionales. En todo caso, dentro de los quince días siguientes a la terminación de éstas, el Presidente de la República presentará a la Asamblea Legislativa, un informe circunstanciado sobre la actuación de la fuerza armada;[2]

13.º Dirigir la guerra y hacer la paz, y someter inmediatamente el tratado que celebre con este último fin a la ratificación de la Asamblea Legislativa;

14.º Decretar los reglamentos que fueren necesarios para facilitar y asegurar la aplicación de las leyes cuya ejecución le corresponde;

15.º Velar por la eficaz gestión y realización de los negocios públicos;

16.º Proponer las ternas de personas de entre las cuales deberá la Asamblea Legislativa elegir a los dos designados a la Presidencia de la República;

17.º Organizar, conducir y mantener la Policía Nacional Civil para el resguardo de la paz, la tranquilidad, el orden y la seguridad pública, tanto en el ámbito urbano como en el rural, con estricto apego al respeto a los derechos humanos y bajo la dirección de autoridades civiles;[2]

18.º Organizar, conducir y mantener el Organismo de Inteligencia del Estado;[2]

19.º Fijar anualmente un número razonable de efectivos de la Fuerza Armada y de la Policía Nacional Civil;[2]

20.º Ejercer las demás atribuciones que le confieren las leyes.[2]

Artículo 169. El nombramiento, remoción, aceptación de renuncias y concesión de licencias de los funcionarios y empleados de la Administración Pública y de la Fuerza Amada, se regirán por el Reglamento Interior del Órgano Ejecutivo u otras leyes y reglamentos que fueren aplicables.

Artículo 170. Los representantes diplomáticos y consulares de carrera que acredite la República deberán ser salvadoreños por nacimiento.

Artículo 171. El Presidente de la República, el Vicepresidente de la República, los Ministros y los Viceministros de Estado, son responsables solidariamente por los actos que autoricen. De las resoluciones tomadas en Consejo de Ministros, serán responsables los Ministros presentes o quienes hagan sus veces, aunque hubieren salvado su voto, a menos que interpongan su renuncia inmediatamente después de que se adopte la resolución.

Capítulo III. Órgano judicial

Artículo 171. La Corte Suprema de Justicia, las Cámaras de Segunda Instancia y los demás tribunales que establezcan las leyes secundarias, integran el Órgano Judicial. Corresponde exclusivamente a este Órgano la potestad de juzgar y hacer ejecutar lo juzgado en materias constitucionales, civil, penal, mercantil, laboral, agraria y de lo contencioso-administrativo, así como en las otras que determine la ley.

La organización y funcionamiento del Órgano Judicial serán determinados por la ley.

Los Magistrados y Jueces, en lo referente al ejercicio de la función jurisdiccional, son independientes y están sometidos exclusivamente a la Constitución y a las leyes.

El Órgano Judicial dispondrá anualmente de una asignación no inferior al seis por ciento de los ingresos corrientes del presupuesto del Estado.[1]

Artículo 173. La Corte Suprema de Justicia estará compuesta por el número de Magistrados que determine la ley, los que serán elegidos por la Asamblea Legislativa y uno de ellos será el Presidente. Este será el Presidente del Órgano Judicial.

La ley determinará la organización interna de la Corte Suprema de Justicia, de modo que las atribuciones que le correspondan se distribuyan entre diferentes salas.

Artículo 174. La Corte Suprema de Justicia tendrá una Sala de lo Constitucional, a la cual corresponderá conocer y resolver las demandas de inconstitucionalidad de las leyes, decretos y reglamentos, los procesos de amparo, el habeas corpus, las controversias entre el Órgano Legislativo y el Órgano Ejecutivo a que se refiere el **Artículo** 138 y las causas mencionadas en la atribución 7.ª del **Artículo** 182 de esta Constitución.

La sala de lo constitucional estará integrada por cinco magistrados designados por la Asamblea Legislativa. Su presidente será elegido por la misma en cada ocasión en que le corresponda elegir magistrados de la Corte Suprema de Justicia, el cual será presidente de la Corte Suprema de Justicia y del órgano judicial.[1]

Artículo 175. Habrá Cámaras de Segunda Instancia compuestas de dos Magistrados, cada una, Juzgado de Primera Instancia y Juzgados de Paz. Su número, jurisdicción, atribuciones y residencia serán determinados por ley.

Artículo 176. Para ser Magistrado de la Corte Suprema de Justicia se requiere: ser salvadoreño por nacimiento, del estado seglar, mayor de cuarenta años, abogado de la República, de moralidad y competencia notorias; haber desempeñado una Magistratura de Segundo Instancia durante nueve años o una Judicatura de Primera Instancia durante nueve años, o haber obtenido la autorización para ejercer la profesión de abogado por lo menos diez años antes de su elección; estar en el goce de los derechos de ciudadano y haberlo estado en los seis años anteriores al desempeño de un cargo.

Artículo 177. Para ser Magistrado de las Cámaras de Segundo Instancia se requiere: ser salvadoreño, del estado seglar, mayor de treinta y cinco años, abogado de la República, de moralidad y competencia notorias; haber servido una Judicatura de Primera Instancia durante seis años o haber obtenido la autorización para ejercer la profesión de abogado por lo menos ocho años antes de su elección; estar en el goce de los derechos de ciudadano y haberlo estado en los seis años anteriores al desempeño de su cargo.

Artículo 178. No podrán ser elegidos Magistrados de la Corte Suprema de Justicia ni de una misma Cámara de Segunda Instancia, los cónyuges ni los parientes entre sí, comprendidos dentro del cuarto grado de consanguinidad o segundo de afinidad.

Artículo 179. Para ser juez de Primera Instancia, se requiere: ser salvadoreño, del estado seglar, abogado de la República, de moralidad y competencia notorias; haber servido una Judicatura de Paz durante un año, o haber obtenido la autorización para ejercer la profesión de abogado dos años de su nombramiento; estar en el goce de los derechos de ciudadano y haberlo estado en los tres años anteriores al desempeño de su cargo.

Artículo 180. Son requisitos mínimos para ser juez de paz: ser salvadoreño, abogado de la República, del estado seglar, mayor de veintiún años, de moralidad y competencia notorias; estar en el goce de los derechos de ciudadano y haberlo estado en los tres años anteriores a su nombramiento, los jueces de paz estarán comprendidos en la carrera judicial.

En casos excepcionales, consejo nacional de la judicatura podrá proponer para el cargo de juez de paz, a personas que no sean abogados, pero el período de sus funciones será de un año.

Artículo 181. La administración de justicia será gratuita.

Artículo 182. Son atribuciones, de la Corte Suprema de Justicia:

1.º Conocer de los procesos de amparo;

2.º Dirimir las competencias que se susciten entre los tribunales de cualquier fuero y naturaleza;

3.º Conocer de las causas de presas y de aquellas que no estén reservadas a otra autoridad, ordenar el curso de los suplicatorios, o comisiones rogatorias que se libren para practicar diligencias fuera del Estado y mandar a cumplimentar los que procedan de otros países, sin perjuicio de lo dispuesto en los tratados; y conceder la extradición;

4.º Conceder, conforme a la ley y cuando fuere necesario, el permiso para la ejecución de sentencias pronunciadas los tribunales extranjeros;

5.º Vigilar que se administre pronta y cumplida justicia, para lo cual adoptará las medidas que estime necesarias;

6.º Conocer de la responsabilidad de las funciones públicas en los casos señalados por las leyes;

7.º Conocer de las causas de suspensión o pérdida de los derechos de ciudadanía en los casos comprendidos en los ordinales 2.º y 4.º del **Artículo** 74 y en los ordinales 1.º, 3.º, 4.º y 5.º del **Artículo** 75 de esta Constitución, así como de la rehabilitación correspondiente;

8.º Emitir informe y dictamen en las solicitudes de indulto o de conmutación de pena;

9.º Nombrar a los magistrados de las Cámaras de Segunda Instancia, jueces de primera instancia, y jueces de paz de las ternas que le proponga el Consejo Nacional de la Judicatura; a los médicos forenses y a los empleados de las dependencias de la misma; removerlos, conocer de sus renuncias y concederles licencias;[1]

10.º Nombrar conjueces en los casos determinados por la ley;

11.º Recibir, por sí o por medio de los funcionarios que designe, la protesta constitucional a los funcionarios de su nombramiento;

12.º Practicar recibimientos de abogados y autorizarlos para el ejercicio de su profesión; suspenderlos por incumplimiento de sus obligaciones profesionales, por negligencia o ignorancia graves, por mala conducta profesional o por conducta privada notoriamente inmoral; inhabilitarlos por venalidad, cohecho, fraude, falsedad y otros motivos que establezca la ley y rehabilitarlas por causa legal. En los casos de suspensión e inhabilitación procederá en la forma que la ley establezca, y resolverá con solo robustez moral de prueba. Las mismas facultades ejercerá con respecto de los notarios.

13.º Elaborar el proyecto de presupuesto de los sueldos y gastos de la administración de justicia y remitirlo al Órgano Ejecutivo para su inclusión sin modificaciones en el proyecto del Presupuesto General del Estado. Los ajustes presupuestarios que la Asamblea Legislativa considere necesario hacer a dicho proyecto, se harán en consulta con la Corte Suprema de Justicia; 14.º Las demás que determine esta Constitución y la ley.

Artículo 183 La Corte Suprema de Justicia por medio de la Sala de lo Constitucional será el único tribunal competente para declarar la inconstitucionalidad de las leyes, decretos, y reglamentos, en su forma y contenido, de un modo general y obligatorio, y podrá hacerlo a petición de cualquier ciudadano.

Artículo 184. Las Cámaras de Segunda Instancia de la capital, de acuerdo a la materia, conocerán en primera instancia de los juicios contra del Estado; y en segunda instancia conocerá la respectiva Sala de la Corte Suprema de Justicia.

Artículo 185. Dentro de la potestad de administrar justicia, corresponde a los tribunales, en los casos en que tengan que pronunciar sentencia, declarar la inaplicabilidad de cualquier ley o disposición de los otros Órganos, contraria a los preceptos constitucionales.

Artículo 186. Se establece la carrera judicial.

Los magistrados de la Corte Suprema de Justicia serán elegidos por la Asamblea Legislativa para un periodo de nueve años, podrán ser reelegidos y se renovarán por terceras partes, cada tres años. Podrán ser destituidos por la Asamblea Legislativa por causas específicas, previamente establecidas por la ley. Tanto para la elección como para la destitución deberá tomarse con el voto favorable de por lo menos, los dos tercios de los diputados electos.

La elección de los magistrados de la Corte Suprema de Justicia, se hará de una lista de candidatos, que formará el Consejo Nacional de la Judicatura en los términos que determinará la ley, la mitad de la cual provendrá de los aportes de las entidades representativas de los abogados de El Salvador y donde deberán estar representadas las más relevantes corrientes del pensamiento jurídico.

Los magistrados de las Cámaras de Segunda Instancia, los jueces de primera instancia y los jueces de paz integrados a la carrera judicial, gozarán de estabilidad en sus cargos.

La ley deberá asegurar a los jueces protección para que ejerzan sus funciones con toda libertad en forma imparcial y sin influencia alguna en los asuntos que conocen; y los medios que les garanticen una remuneración justa y un nivel de vida adecuado a la responsabilidad de sus cargos.

La ley regulará los requisitos y la forma de ingresos a la carrera judicial, las promociones, ascensos, traslados, sanciones disciplinarias a los funcionarios incluidos en ella y las demás cuestiones inherentes, a dicha carrera.[1]

Artículo 187. El Consejo Nacional de la Judicatura es una institución independiente, encargada de proponer candidatos para los cargos de magistrados de la Corte Suprema de Justicia, magistrados de las cámaras de segunda instancia, jueces de primera instancia y jueces de paz.

Será responsabilidad del Consejo Nacional de la Judicatura, la organización y funcionamiento de la Escuela de Capacitación Judicial, cuyo objeto es el de asegurar el mejoramiento en la formación profesional de los jueces y demás funcionarios judiciales.

Los miembros del Consejo Nacional de la Judicatura serán elegidos y destituidos por la Asamblea Legislativa con el voto calificado de las dos terceras partes de los diputados electos.[110]

La ley determinará lo concerniente a esta materia.[1]

Artículo 188. La calidad de magistrado o de juez es incompatible con el ejercicio de la abogacía y del notariado, así como con la de funcionario de los otros órganos del Estado, excepto la de docente y la de diplomático en misión transitoria.[1]

Artículo 189. Se establece el Jurado para el juzgamiento de los delitos comunes que determine la ley.

Artículo 190. Se prohíbe el fuero atractivo.

Capítulo IV. Ministerio Público

Artículo 191. El Ministerio Público será ejercido por el Fiscal General de la República, el Procurador General de la República, el Procurador para la Defensa de los Derechos Humanos y los demás funcionarios que determine la ley.[1]

Artículo 192. El Fiscal General de la República, el Procurador General de la República y el Procurador para la Defensa de los Derechos Humanos, serán elegidos por la Asamblea Legislativa por mayoría calificada de los dos tercios de los diputados electos.

Durarán tres años en el ejercicio de sus cargos y podrán ser reelegidos. La destitución solamente procederá por causas legales, con el voto de los dos tercios de los diputados electos.

Para ser Fiscal General de la República o Procurador General de la República se requieren las mismas cualidades que para ser Magistrado de las Cámaras de Segunda Instancia.

La ley determinara los requisitos que deberá reunir el Procurador para la Defensa de los Derechos Humanos.[1]

Artículo 193. Corresponde al Fiscal General de la República:

1.º Defender los intereses del Estado y de la sociedad;

2.º Promover de oficio o a petición de parte la acción de la justicia en defensa de la legalidad;[1]

3.º Dirigir la investigación del delito con la colaboración de la Policía Nacional Civil en la forma que determine la ley;[1]

4.º Promover la acción penal de oficio o a petición de parte;[1]

5.º Defender los intereses fiscales y representar al Estado en toda clase de juicios y en los contratos sobre adquisición de bienes inmuebles en general y de los muebles sujetos a licitación, y los demás que determine la ley;

6.º Promover el enjuiciamiento y castigo de los indiciados por delitos de atentados contra las autoridades, y del desacato;

7.º Nombrar comisiones especiales para el cumplimiento de sus funciones;

8.º Nombrar, remover, conceder licencias y aceptar renuncias a los Fiscales de la Corte Suprema de Justicia, de las Cámaras de Segunda Instancia, de los Tribunales Militares y de los tribunales que conocen en primera instancia, y a los fiscales de Hacienda. Iguales atribuciones ejercerá respecto de los demás funcionarios empleados de su dependencia;

9.º DEROGADO;[1]

10.º Velar porque en las concesiones de cualquier clase otorgadas por el Estado, se cumpla con los requisitos, condiciones y finalidades establecidas en las mismas y ejercer al respecto las acciones correspondientes;

11.º Ejercer las demás atribuciones que establezca la ley.

Artículo 194. El Procurador para la Defensa de los Derechos Humanos y el Procurador General de la República, tendrá las siguientes funciones:

I Corresponde al Procurador para la Defensa de los Derechos Humanos:

1.º Velar por el respeto y la garantía a los derechos humanos;

2.º Investigar, de oficio o por denuncia que hubiere recibido, casos de violaciones a los derechos humanos;

3.º Asistir a las presuntas víctimas de violaciones a los derechos humanos;

4.º Promover recursos judiciales o administrativos para la protección de los derechos rumanos;

5.º Vigilar la situación de las personas privadas de su libertad. Será notificado de todo arresto y cuidará que sean respetados los límites legales de la detención administrativa;

6.º Practicar inspecciones, donde lo estime necesario, en orden a asegurar el respeto a los derechos humanos;

7.º Supervisar la actuación de la Administración Pública frente a las personas;

8.º Promover reformas ante los órganos del Estado, para el progreso de los derechos humanos;

9.º Emitir opiniones sobre proyectos de leyes que afecten el ejercicio de los derechos humanos;

10.º Promover y proponer las medidas que estime necesarias en orden a prevenir violaciones a los derechos humanos;

11.º Formular conclusiones y recomendaciones pública o privadamente;

12.º Elaborar y publicar informes;

13.º Desarrollar un programa permanente de actividades de promoción sobre el conocimiento y respeto de los derechos humanos;

14.º Las demás que le atribuyen la Constitución o la ley.

El Procurador para la Defensa de los Derechos Humanos podrá tener delegados departamentales y locales de carácter permanente.

II. Corresponde al Procurador General de la República:

1.º Velar por la defensa de la familia y de las personas e intereses de los menores y demás incapaces;

2.º Dar asistencia legal a las personas de escasos recursos económicos, y representarlas judicialmente en la defensa de su libertad individual y de sus derechos laborales;

3.º Nombrar, remover, conceder licencias y aceptar renuncias a los procuradores auxiliares de todos los tribunales de la República, a los procuradores de trabajo y a los demás funcionarios y empleados de su dependencia;
4.º Ejercer las demás atribuciones que establezca la ley.[1]

Capítulo V. Corte de Cuentas de la República

Artículo 195. La fiscalización de la Hacienda Pública en general y de la ejecución del Presupuesto en particular, estará a cargo de un organismo independiente del Órgano Ejecutivo, que se denominará Corte de Cuentas de la República, y que tendrá las siguientes atribuciones:

1.º Vigilar la recaudación la custodia, el compromiso y la erogación de los fondos públicos; así como la liquidación de impuestos, tasas, derechos y demás contribuciones, cuando la ley lo determine;

2.º Aprobar toda salida de fondos del tesoro público, de acuerdo, con el presupuesto, intervenir en todo acto, que de manera directa o indirecta afecte al tesoro público o al patrimonio del Estado, y refrendar los actos y contratos relativos a la deuda pública.[4]

3.º Vigilar, inspeccionar y glosar las cuentas de los funcionarios y empleados que administren o manejen bienes públicos, y conocer de los juicios a que den lugar dichas cuentas;

4.º Fiscalizar la gestión económica de las instituciones y empresas estatales de carácter autónomo y de las entidades que se costeen con fondos del Estado o que reciban subvención o subsidio del mismo;[4]

5.º Examinar la cuenta que sobre la gestión de la Hacienda Pública rinda el Órgano Ejecutivo a la Asamblea, e informar a ésta del resultado de su examen;

6.º Dictar los reglamentos necesarios para el cumplimiento de sus atribuciones;

7.º Informar por escrito al Presidente de la República, a la Asamblea Legislativa, y a los respectivos superiores jerárquicos de las irregularidades relevantes comprobadas, a cualquier funcionario o empleado público en el manejo de bienes y fondos sujetos a fiscalización;

8.º Velar porque se hagan efectivas las deudas a favor del Estado y Municipios;

9.º Ejercer las demás funciones que las leyes le señalen.

Las atribuciones 2.º y 4.º las efectuará de una manera adecuada a la naturaleza y fines del organismo de que se trate, de acuerdo con lo que al respecto determine la ley; y podrá actuar preventivamente a solicitud del organismo fiscalizado, del superior jerárquico de éste o de oficio cuando lo considere necesario.[4]

Artículo 196. La Corte de Cuentas de la República, para el cumplimiento de sus funciones jurisdiccionales, se dividirá en una Cámara de Segunda Instancia y en las Cámaras de Primera Instancia que establezca la ley.

La Cámara de Segunda Instancia estará formada por el Presidente de la Corte y dos Magistrados, cuyo número podrá ser aumentado por la ley.

Estos funcionarios serán elegidos para un período de tres años, podrán ser reelegidos, y no podrán ser separados de sus cargos sino por causa justa, mediante resolución de la Asamblea Legislativa. La Cámara de Segunda Instancia nombrará, removerá, concederá licencias y aceptará renuncias a los Jueces de las Cámaras de Primera Instancia.

Una ley especial regulará al funcionamiento, jurisdicción, competencia y régimen administrativo de la Corte de Cuentas y Cámaras de la misma.

Artículo 197. Siempre que un acto sometido a conocimiento de la Corte de Cuentas de la República viole a su juicio alguna ley o reglamento en vigor, ha de advertirlo así a los funcionarios que en el ejercicio de sus funciones legales se lo comuniquen, y el acto de que se trate quedará en suspenso.

El Órgano Ejecutivo puede ratificar al acto total o parcialmente, siempre que lo considere legal, por medio de resolución razonada tomada en Consejo de Ministros y comunicada por escrito al Presidente de la Corte. Tal resolución deberá ser publicada en el Diario Oficial.

La ratificación debidamente comunicada, hará cesar la suspensión del acto, siempre que las observaciones de la Corte de Cuentas no consistan en falta o insuficiencia de crédito presupuesto al cual debe aplicarse un gasto, pues en tal caso, la suspensión debe mantenerse, hasta que la deficiencia de crédito haya sido llenada.

Artículo 198. El Presidente y los Magistrados de la Corte de Cuentas deberán ser salvadoreños por nacimiento, mayores de treinta años, de honradez y competencia notorias; estar en el ejercicio, de los derechos de ciudadano y haberlo estado en los tres años anteriores a su elección.

Artículo 199. El Presidente de la Corte de Cuentas rendirá anualmente a la Asamblea Legislativa un informe detallado y documentado de las labores de la Corte. Esta obligación deberá cumplirse dentro de los tres meses siguientes a la terminación del año fiscal.

El incumplimiento de esta obligación se considera como causa justa de destitución.

Capítulo VI. Gobierno local

Sección Primera. Las Gobernaciones

Artículo 200. Para la administración política se divide el territorio de la República en Departamentos cuyo número y límites fijará la ley. En cada uno de ellos habrá un Gobernador propietario y un suplente, nombrados por el Órgano Ejecutivo y cuyas atribuciones determinará la ley.

Artículo 201. Para ser Gobernador se requiere: ser salvadoreño, del estado seglar, mayor de veinticinco años de edad, estar en el ejercicio de los derechos de ciudadano y haberlo estado en los tres años anteriores al nombramiento, de moralidad e instrucción notorias, y ser originario o vecino del respectivo departamento, en este último caso, serán necesarios, dos años de residencia inmediata anterior al nombramiento.

Sección Segunda. Las Municipalidades

Artículo 202. Para el Gobierno Local, los departamentos se dividen en Municipios, que estarán regidos por Concejos formados de un Alcalde, un Síndico y dos o más Regidores cuyo número sea proporcional a la población.

Los miembros de los Concejos Municipales deberán ser mayores de veintiún años y originarios o vecinos del municipio; serán elegidos por un período de tres años, podrán ser reelegidos, y sus demás requisitos serán determinados por la ley.

Artículo 203. Los Municipios serán autónomos en lo económico, en lo técnico y en lo administrativo, y se regirán por un Código Municipal, que sentará los principios generales para su organización, funcionamiento y ejercicio de sus facultades autónomas.

Los Municipios estarán obligados a colaborar con otras instituciones públicas en los planes de desarrollo nacional o regional.

Artículo 204. La autonomía del Municipio comprende:

1.º Crear, modificar y suprimir tasas y contribuciones públicas para la realización de obras determinadas dentro de los límites que una ley general establezca.

Aprobadas las tasas o contribuciones por el Concejo Municipal se mandará publicar el acuerdo respectivo en el Diario Oficial, y transcurridos que sean ocho día después de su publicación, será obligatorio su cumplimiento;

2.º Decretar su Presupuesto de Ingresos y Egresos;

3.º Gestionar libremente en las materias de su competencia;

4.º Nombrar y remover a los funcionarios y empleados de sus dependencias;

5.º Decretar las ordenanzas y reglamentos locales;

6.º Elaborar sus tarifas de impuestos y las reformas a las mismas, para proponerlas como ley a la Asamblea Legislativa.

Artículo 205. Ninguna ley ni autoridad podrá eximir ni dispensar el pago de las tasas y contribuciones municipales.

Artículo 206. Los planes de desarrollo local deberán ser aprobados por el Concejo Municipal respectivo; y las instituciones del Estado deberán colaborar con la Municipalidad en al desarrollo de los mismos.

Artículo 207. Los fondos municipales no se podrán centralizar en el Fondo General del Estado, ni emplearse sino en servicios y para provecho de los Municipios.

Las municipalidades podrán asociarse o concertar entre ellas convenios cooperativos a fin de colaborar en la realización de obras o servicios que sean de interés común para dos o más Municipios.

Para garantizar el desarrollo y la autonomía económica de los Municipios, se creará un fondo para el desarrollo económico y social de los mismos. Una ley establecerá el monto de los fondos y los mecanismos para su uso.

Los Consejos Municipales administrarán el patrimonio de sus Municipios y rendirán cuenta circunstanciada y documentada de su administración a la Corte de Cuentas de la República.

La ejecución del Presupuesto será fiscalizada a posteriori por la Corte de Cuentas de la República, de acuerdo a la ley.

Capítulo VII. Tribunal Supremo Electoral

Artículo 208. Habrá un Tribunal Supremo Electoral que estará formado por cinco magistrados, quienes durarán cinco años en sus funciones y serán elegidos por la Asamblea Legislativa. Tres de ellos de cada una de las ternas propuestas por los tres partidos políticos o coaliciones legales que hayan obtenido mayor número de votos en la última elección presidencial. Los dos magistrados restantes serán elegidos con el voto favorable de por lo menos los dos tercios de los diputados electos, de dos ternas propuestas por la Corte Suprema de Justicia, quienes deberán reunir los requisitos para ser magistrados de las cámaras de segunda instancia, y no tener ninguna afiliación partidista.

Habrá cinco magistrados suplentes elegidos en igual forma que los propietarios. Si por cualquier circunstancia no se propusiere alguna terna, la Asamblea Legislativa hará la respectiva elección sin la terna que faltare.

El magistrado presidente será el propuesto por el partido o coalición legal que obtuvo el mayor número de votos en la última elección presidencial.

El Tribunal Supremo Electoral será la autoridad máxima en esta materia, sin perjuicio de los recursos que establece esta Constitución, por violación de la misma.[1]

Artículo 209. La ley establecerá los organismos necesarios para la recepción, recuento y fiscalización de votos y demás actividades concernientes al sufragio y cuidará de que estén integrados de modo que no predomine en ellos ningún partido o coalición de partidos.

Los partidos políticos y coaliciones contendientes tendrán derecho de vigilancia sobre todo el proceso electoral.[1]

Artículo 210. El Estado reconoce la deuda política como un mecanismo de financiamiento para los partidos políticos contendientes, encaminado a promover su libertad e independencia. La ley secundaria regulará lo referente a esta materia.

Capítulo VIII. Fuerza Armada

Artículo 211. La Fuerza Armada es una institución permanente al servicio de la Nación. Es obediente. Profesional, apolítica y no deliberante.[2]

Artículo 212. La Fuerza Armada tiene por misión la defensa de la soberanía del Estado y de la integridad del territorio. El Presidente de la República podrá disponer excepcionalmente de la Fuerza Armada para el mantenimiento de la paz interna, de acuerdo con lo dispuesto por esta Constitución.

Los órganos fundamentales del gobierno mencionados en el **Artículo** 86, podrán disponer de la Fuerza Armada para hacer efectivas las disposiciones que hayan adoptado, dentro de sus respectivas áreas constitucionales de competencia, para hacer cumplir esta Constitución.

La Fuerza Armada colaborará en las obras de beneficio público que le encomiende el órgano ejecutivo, y auxiliara a la población en casos de desastre nacional.[2]

Artículo 213. La Fuerza Armada forma parte del órgano ejecutivo y está subordinada a la autoridad del Presidente de la República, en su calidad de Comandante General. Su estructura, régimen jurídico, doctrina, composición y funcionamiento son definidos por la ley, los reglamentos y las disposiciones especiales que adopte el Presidente de la República.[2]

Artículo 214. La carrera militar es profesional y en ella solo se reconocen los grados obtenidos por escala rigurosa y conforme a la ley.

Los militares no podrán ser privados de sus grados, honores y prestaciones, salvo en los casos determinados por la ley.

Artículo 215. El servicio militar es obligatorio para todos los salvadoreños comprendidos entre los dieciocho y los treinta años de edad.

En caso de necesidad serán soldados todos los salvadoreños aptos para actuar en las tareas militares.

Una ley especial regulará esta materia.

Artículo 216. Se establece la jurisdicción militar. Para el juzgamiento de delitos y faltas puramente militares habrá procedimientos y tribunales especiales de conformidad con la ley. La jurisdicción militar, como régimen excepcional respecto de la unidad de la justicia, se reducirá al conocimiento de delitos y faltas de servicio puramente militares, entendiéndose por tales los que afectan de modo exclusivo un interés jurídico estrictamente militar. Gozan de fuero militar los miembros de la Fuerza Armada en servicio activo por delitos y faltas puramente militares.[2]

Artículo 217. La fabricación, importación, exportación, comercio, tenencia y portación de armas, municiones, explosivos y artículos similares, solo podrán efectuarse con la autorización y bajo la supervisión directa del órgano ejecutivo, en el ramo de defensa.

Una ley especial regulará esta materia.[2]

Título VII. Régimen Administrativo

Capítulo I. Servicio Civil

Artículo 218. Los funcionarios y empleados públicos están al servicio del Estado y no de una función política determinada. No podrán prevalerse de sus cargos para la política partidista. El que lo haga será sancionado de conformidad con la ley.

Artículo 219. Se establece la carrera administrativa.

La ley regulará el servido civil y en especial las condiciones de ingreso a la administración; las promociones y ascensos con base en mérito y aptitud; los traslados, suspensiones y cesantías; los deberes de los servidores públicos y los recursos contra las resoluciones que los afecten; asimismo garantizará a los empleados públicos a la estabilidad en el cargo.

No estarán comprendidos en la carrera administrativa los funcionarios o empleados que desempeñen cargos políticos o de confianza, y en particular, los Ministros y Viceministros de Estado, el Fiscal General de la República, el Procurador General de la República, los Secretarios de la Presidencia de la República, los Embajadores, los Directores Generales, los Gobernadores Departamentales y los Secretarios Particulares de dichos funcionarios.

Artículo 220. Una ley especial regulará lo pertinente al retiro de los funcionarios y empleados públicos y municipales, la cual fijará los porcentajes de jubilación a que éstos tendrán derecho de acuerdo a los años de prestación de servicio y a los salarios devengados.

El monto de la jubilación que se perciba estará exento de todo impuesto o tasa fiscal y municipal.

La misma ley deberá establecer las demás prestaciones a que tendrán derecho a los servidores públicos y municipales.

Artículo 221. Se prohíbe la huelga de los trabajadores públicos y municipales, lo mismo que el abandono colectivo de sus cargos.

La militarización de los servicios públicos civiles procederá únicamente en casos de emergencia nacional.

Artículo 222. Las disposiciones de este Capítulo son extensivas a los funcionarios y empleados municipales.

Capítulo II. Hacienda Pública

Artículo 223. Forman la Hacienda Pública:

1.º Sus fondos valores líquidos;

2.º Sus créditos activos;

3.º Sus bienes muebles y raíces;

4.º Los derechos derivados de la aplicación de las leyes relativas a impuestos, tasas y demás contribuciones, así como los que por cualquier otro título le correspondan.

Son obligaciones a cargo de la Hacienda Pública, las deudas reconocidas y las que tengan origen en los gastos públicos debidamente autorizados.

Artículo 224. Todos los ingresos de la Hacienda Pública formarán un solo fondo que estará afecto de manera general a las necesidades y obligaciones del Estado.

La ley podrá, sin embargo, afectar determinados ingresos al servicio de la deuda pública. Los donativos podrán asimismo ser afectados para los fines que indique el donante.

Artículo 225. Cuando la ley lo autorice, el Estado, para la consecución de sus fines, podrá separar bienes de la masa de la Hacienda Pública o asignar recursos del Fondo General para la Constitución o incremento de Patrimonios Especiales destinados a Instituciones Públicas.

Artículo 226. El Órgano Ejecutivo, en el Ramo correspondiente, tendrá la dirección de las finanzas públicas y estará especialmente obligado a conservar el equilibrio del Presupuesto, hasta donde sea compatible con el cumplimiento de los fines del Estado.

Artículo 227. El Presupuesto General del Estado contendrá, para cada ejercicio fiscal, la estimación de todos los ingresos que se esperan percibir de conformidad con las leyes vigentes a la fecha en que sea votado, así como la autorización de todas las erogaciones que se juzguen convenientes para realizar los fines del Estado.

El Órgano Legislativo podrá disminuir o rechazar los créditos solicitados pero nunca aumentarlos.

En el Presupuesto se autorizará la deuda flotante en que el Gobierno podrá incurrir, durante cada año, para remediar deficiencias temporales de ingresos.

Las instituciones y empresas estatales de carácter autónomo y las entidades que se costeen con fondos del Erario o que tengan subvención de éste, excepto las instituciones de crédito, se regirán por presupuestos especiales y sistemas de salarios aprobados por el Órgano Legislativo.

Una ley especial establecerá lo concerniente a la preparación, votación ejecución y rendición de cuentas de los presupuestos, y regulará el procedimiento que deba seguirse cuando al cierre de un ejercicio fiscal no esté aún en vigor el Presupuesto del nuevo ejercicio.

Artículo 228. Ninguna suma podrá comprometerse o abonarse con cargo a fondos públicos, si no es dentro de las limitaciones de un crédito presupuesto.

Todo compromiso, abono o pago deberá efectuarse según lo disponga la ley. Solo podrán comprometerse fondos de ejercicios futuros con autorización legislativa. Para obras de interés público o administrativo, o para la consolidación o conversión de la deuda pública. Con tales finalidades podrá votarse un presupuesto extraordinario.

Habrá una ley especial que regulará las subvenciones, pensiones y jubilaciones que afecten los fondos públicos.

Artículo 229. El Órgano Ejecutivo con las formalidades legales, podrá efectuar transferencias entre partidas de un mismo ramo, u organismo administrativo, excepto las que en el Presupuesto se declaren intransferibles.

Igual facultad tendrá el Órgano Judicial en lo que respecto a las partidas de su Presupuesto, cumpliendo con las mismas formalidades legales.

Artículo 230. Para la percepción, custodia y erogación de los fondos públicos, habrá un Servicio General de Tesorería.

Cuando se disponga de bienes públicos en contravención a las disposiciones legales, será responsable el funcionario que autorice u ordene la operación y también lo será el ejecutor, si no prueba su inculpabilidad.

Artículo 231. No pueden imponerse contribuciones sino en virtud de una ley y para el servicio público.

Los templos y sus dependencias destinadas inmediata y directamente al servicio religioso, estarán exentos de impuestos sobre inmuebles.

Artículo 232. Ni el Órgano Legislativo ni el Ejecutivo podrán dispensar del Pago de las cantidades reparadas a los funcionarios y empleados que manejen fondos fiscales o municipales, ni de las deudas a favor del fisco o de los municipios.

Artículo 233. Los bienes raíces de la Hacienda Pública y los de uso público solo podrán donarse o darse en usufructo, comodato o arrendamiento, con autorización del Órgano Legislativo, a entidades de utilidad general.

Artículo 234. Cuando el Estado tenga que celebrar contratos para realizar obras o adquirir bienes muebles en que hayan de comprometerse fondos o bienes públicos, deberán someterse dichas obras o suministros a licitación pública excepto en los casos determinados por la ley.

No se celebrarán contratos en que la decisión, en caso de controversia, corresponda a tribunales de un Estado extranjero.

Lo expuesto en los incisos anteriores se aplicará a las Municipalidades.

Título VIII. Responsabilidades de los Funcionarios Públicos

Artículo 235. Todo funcionario civil o militar, antes de tomar posesión de su cargo, protestará bajo su palabra de honor, ser fiel a la República, cumplir y hacer cumplir la Constitución, ateniéndose a su texto cualesquiera que fuesen las leyes, decretos, órdenes o resoluciones que la contraríen, prometiendo, además, el exacto cumplimiento de los deberes que el cargo le imponga, por cuya infracción será responsable conforme a las leyes.

Artículo 236. El Presidente y Vicepresidente de la República, los Diputados, los designados a la presidencia, los Ministros y Viceministros de Estado, el Presidente y Magistrados de la Corte Suprema de Justicia y de las Cámaras de Segunda Instancia, el Presidente y Magistrados de la Corte de Cuentas de la República, el Fiscal General de la República, el Procurador General de la República, el Procurador para la Defensa de los Derechos Humanos, el Presidente y Magistrados del Tribunal Supremo Electoral, y los representantes diplomáticos, responderán ante la Asamblea Legislativa por los delitos oficiales y comunes que cometan.[1]

La Asamblea, oyendo a un fiscal de su seno y al indiciado, o a un defensor especial, en su caso, declarará si hay o no hay lugar formación de causa. En el primer caso, se pasarán las diligencias a la Cámara de Segunda Instancia que determine la ley, para que conozca en primera instancia, y, en el segundo caso, se archivarán.

De las resoluciones que pronuncie la Cámara mencionada conocerá en segunda instancia una de las Salas de la Corte Suprema de Justicia, y del recurso que dichas resoluciones admitan, la Corte en pleno.

Cualquier persona tiene derecho de denunciar los delitos de que trate este **Artículo**, y de mostrarse parte, si para ello tuviere las cualidades requeridas por la ley.

Artículo 237. Desde que se declare por la Asamblea Legislativa o por la Corte Suprema de Justicia, que hay lugar a formación de causa, el indiciado quedará suspendido en el ejercicio de sus funciones, y por ningún motivo podrá continuar en su cargo. En caso contrario se hará culpable del delito de prolongación de funciones. Si la sentencia fuere condenatoria, por el mismo hecho quedará depuesto del cargo. Si fuere absolutoria, volverá al ejercicio de sus funciones, si el cargo fuere de aquellos que se confieren por tiempo determinado y no hubiere expirado el período de la elección o del nombramiento.

Artículo 238. Los diputados no podrán ser juzgados por delitos graves que cometan desde el día de su elección hasta el fin del período para el que fueron elegidos, sin que la Asamblea Legislativa declare previamente que hay lugar a formación de causa, conforme al procedimiento establecido en el **Artículo** anterior.

Por los delitos comes graves y faltas que cometan durante el mismo período no podrán ser detenidos o presos, ni llamados a declarar sino después de concluido el período de su elección.

Si el Presidente, Vicepresidente de la República o un diputado fuere sorprendido en flagrante delito, desde el día de su elección hasta el fin del período para al que fueron elegidos, podrán ser detenidos por cualquier persona o autoridad, quien estará obligado a ponerlo inmediatamente a disposición de la Asamblea.

Artículo 239. Los jueces de Primera Instancia, los Gobernadores Departamentales, los Jueces de Paz y los demás funcionarios que determine la ley, serán juzgados por los delitos oficiales que cometan, por los tribunales comunes, previa declaratoria de que hay lugar a formación de causa, hecha por la Corte Suprema de Justicia. Los antedichos funcionarios estarán sujetos a los procedimientos ordinarios por los delitos y faltas comunes que cometan.

Por los delitos oficiales o comunes que cometan los miembros de las Concejos Municipales, responderán ante los Jueces de Primera Instancia correspondientes.

Artículo 240. Los funcionarios y empleados públicos que se enriquecieren sin justa causa a coste de la Hacienda Pública o Municipal, estarán obligados a restituir al Estado o al Municipio lo que hubieren adquirido ilegítimamente, sin perjuicio de la responsabilidad en que hubieren incurrido conforme a las leyes.

Se presume enriquecimiento ilícito cuando el aumento del capital del funcionario o empleado, desde la fecha en que haya tomado posesión de su cargo hasta aquella en que haya cesado en sus funciones, fuere notablemente superior al que normalmente hubiere podido tener, en virtud de los sueldos y emolumentos que haya percibido legalmente, y de los incrementos de su capital o de sus ingresos por cualquier otra causa justa. Para determinar dicho aumento, al capital y los ingresos del funcionario o empleado, de su cónyuge y de sus hijos, se considerarán en conjunto.

Los funcionarios y empleados que la ley determine están obligados a declarar al estado de su patrimonio ante la Corte Suprema de Justicia, de acuerdo a los incisos anteriores, dentro de los sesenta días siguientes a aquel en que tomen posesión de sus cargos. La Corte tiene facultad de tomar las providencias que estime necesarias para comprobar la veracidad de la declaración, la que mantendrá en reserva y únicamente servirá para los efectos previstos en éste **Artículo**. Al cesar en sus cargos los funcionarios y empleados aludidos, deberán hacer nueva declaración del estado de sus patrimonios. La ley determinará las sanciones por el incumplimiento de esta obligación. Los juicios por enriquecimiento sin causa justa solo podrán incoarse dentro de diez años siguientes a la fecha en que el funcionario a empleado haya cesado en el cargo cuyo ejercicio pudo dar lugar a dicho enriquecimiento.

Artículo 241. Los funcionarios públicos, civiles o militares que tengan conocimiento de delitos oficiales cometidos por funcionarios o empleados que les estén subordinados, deberán comunicarlos a la mayor brevedad a las autoridades competentes para su juzgamiento, y si no lo hicieren oportunamente, serán considerados como encubridores e incurrirán en las responsabilidades penales correspondientes.

Artículo 242. La prescripción de los delitos y faltas oficiales se regirá por las reglas generales, y comenzará a contarse desde que el funcionario culpable haya cesado en sus funciones.

Artículo 243. No obstarte, la aprobación que dé el Órgano Legislativo a los actos oficiales en los casos requeridos por esta Constitución los funcionarios que hayan intervenido en tales actos, podrán ser procesados por delitos oficiales mientras no transcurra el término de la prescripción.

La aprobación de las memorias y cuentas que se presenten al Órgano Legislativo, no da más valor a los actos y contratos a que ellas se refieren, que el que tengan conforme a las leyes.

Artículo 244. La violación, la infracción o la alteración de las disposiciones constitucionales serán especialmente penadas por la ley; y las responsabilidades civiles o penales en que incurran los funcionario públicos, civiles o militares, con tal motivo, no admitirán amnistía, conmutación o indulto, durante el período presidencial dentro del cual se cometieron.

Artículo 245. Los funcionarios y empleados públicos responderán personalmente y al Estado subsidiariamente, por los daños materiales o morales que causaren a consecuencia de la violación a los derechos consagrados en esta Constitución.

Título IX. Alcances, aplicación, reformas y derogatorias

Artículo 246. Los principios, derechos y obligaciones, establecidos por esta Constitución no pueden ser alterados en las leyes que regulen su ejercicio. La Constitución prevalecerá sobre todas las leyes y reglamentos. El interés público tiene primacía sobre el interés privado.

Artículo 247. Toda persona puede pedir amparo ante la Sala de lo Constitucional de la Corte Suprema de Justicia por violación de los, derechos que otorga la presente Constitución.

El habeas corpus puede pedirse ante la Sala de lo Constitucional de la Corte Suprema de Justicia o ante las Cámaras de Segunda Instancia que no residan en la capital. La resolución de las Cámaras que denegare la libertad del favorecido podrá ser objeto de revisión, a solicitud del interesado, por la Sala de lo Constitucional de la Corte Suprema de Justicia.

Artículo 248. La reforma de esta Constitución podrá acordarse por la Asamblea. Legislativa, con el voto de la mitad más uno de los Diputados electos. Para que tal reforma pueda decretarse deberá ser ratificada por la siguiente Asamblea Legislativa con el voto de los dos tercios de los Diputados electos. Así ratificada, se emitirá el decreto correspondiente, el cual se mandará a publicar en el Diario Oficial.

La reforma únicamente puede ser propuesta por los Diputados en un número no menor de diez.

No podrán reformarse en ningún caso los articulas de esta Constitución que se refieren a la forma y sistema de Gobierno, al territorio de la República y a la alternabilidad en el ejercicio de la Presidencia de la República.

Artículo. 249. Derógase la Constitución promulgada por Decreto N.º 6, de fecha 8 de enero de 1962, publicado en el Diario Oficial N.º 110, Tomo 194, de fecha 16 del mismo mes y año, adoptada por Decreto Constituyente N.º 3, de fecha 26 de abril de 1982, publicado en el Diario Oficial N.º 75, Tomo 275, de la misma fecha, su régimen de excepciones, así como todas aquellas disposiciones que estuvieren en contra de cualquier precepto de esta Constitución.

Título X. Disposiciones transitorias

Artículo 250. Mientras no se modifique la legislación secundaria en lo pertinente, los delitos que estuvieren penados con la muerte, que no estén comprendidos en el **Artículo** 27 de esta Constitución, serán sancionados con la pena máxima de privación de la libertad. Esta disposición se aplicará a las personas que hubiesen sido condenadas a muerte por sentencia ejecutoriada.

Artículo 251. Hasta que la ley de procedimientos mencionada en el inciso último del **Artículo** 30 de esta Constitución entre en vigencia, se mantendrá en rigor la ley que regule esta materia, pero su vigencia no podrá exceder del día 28 de febrero de 1994.

Artículo 252. El derecho establecido en el ordinal 12.º, del **Artículo** 38 de esta Constitución tendrá aplicación hasta que sea regulado en la ley secundaria, la cual no podrá tener efecto retroactivo.

Artículo 253. Se incorporen a este Título las disposiciones contenidas en el Decreto Constituyente N.º 36, de fecha 22 de noviembre de 1983, publicado en el Diario Oficial N.º 225, Tomo 281 de fecha 5 de diciembre del mismo año.

Lo dispuesto en los ordinales 3.º, 4.º y 5.º del **Artículo** 152 de esta Constitución, no tendrá aplicación para la próxima elección de Presidente y Vicepresidente de la República, debiéndose estar a los dispuesto en el Decreto Constituyente N.º 36, de fecha 22 de noviembre de 1983, publicado en el Diario Oficial N.º 225, Tomo 281, de fecha 5 de diciembre del mismo año.

Artículo 254. Las personas a quienes esta Constitución confiere la calidad de salvadoreño por nacimiento, gozarán de los derechos y tendrán los deberes inherentes a la misma, desde la fecha de su vigencia, sin que se requiera ningún trámite adicional de reconocimiento de su nacionalidad.

Artículo 255. La organización actual de la Corte Suprema de Justicia continuará vigente hasta el 30 de junio de 1994, y los Magistrados de la misma elegidos por esta Asamblea Constituyente durarán en sus funciones hasta esa fecha, en la cual deben estar armonizadas con esta Constitución las leyes relativas a su organización y competencia a que se refiere los **Artículos** 173 y 174 de la misma.

Los Magistrados de las Cámaras de Segunda Instancia, y Jueces de Primera Instancia actualmente en funciones terminarán sus respectivos períodos, y los nuevos que se elijan conforme a lo dispuesto en esta Constitución, gozarán de la estabilidad en sus cargos a que la misma se refiere y deberán reunir los requisitos que ella exige.

Artículo 256. El Presidente y Magistrados de la Corte de Cuentas de la República elegidos por esta Asamblea Constituyente, durarán en sus funciones hasta el día 30 de junio de 1984.

Artículo 257. Los Vicepresidentes de la República continuarán en el ejercicio de sus cargos hasta el día 31 de mayo de 1984, con las atribuciones que establece el Decreto Constituyente N.º 9, de fecha 6 de mayo de 1982, publicado en el Diario Oficial N.º 91, Tomo 275, de fecha 19 del mismo mes y año.

Artículo 258. Las atribuciones, facultades y demás funciones que las leyes o reglamentos confieran a los Subsecretarios de Estado, serán ejercidas por los. Viceministros de Estado, excepto la de formar parte del Consejo de Ministros, salvo cuando hicieren las veces de estos.

Artículo 259. El Fiscal General de la República y el Procurador General de Pobres nombrados de conformidad a la Constitución de 1962, y ratificados por esta Asamblea de acuerdo al régimen de excepciones de la misma, durarán en sus funciones hasta el treinta y uno de mayo de mil novecientos ochenta y cuatro.

Artículo 260. Los Consejos Municipales nombrados de conformidad al Decreto Constituyente N.º 9 de fecha 6 de mayo de 1982, publicado en el Diario Oficial N.º 91, Tomo 275, de fecha 19 del mismo mes y año, durarán en sus cargos hasta el día treinta de abril de mil novecientos ochenta y cinco. Si durante el periodo comprendido entre el 31 de mayo de 1984 y el 30 de abril de 1985, ocurriere alguna vacante por cualquier causa, ésta será llenada conforme a la ley.

Artículo 261. En caso de que se nombraren Ministros y Viceministros de Estado durante el periodo comprendido desde la fecha de vigencia de esta Constitución, hasta la fecha en que tomen posesión de sus cargos el Presidente y el Vicepresidente de la República, elegidos de conformidad al Decreto Constituyente N.º 36, de fecha 22 de noviembre de 1983, publicado en el Diario Oficial N.º 225, Tomo 281, de fecha 5 de diciembre del mismo año, éstos deberán ser ratificados por la Asamblea Legislativa.

Artículo 262. La creación, modificación y supresión de tasas y contribuciones públicas a que se refiere el ordinal 1.º del **Artículo** 204 de esta Constitución, serán aprobadas por la Asamblea Legislativa mientras no entre en vigencia la ley general a que se refiere la misma disposición constitucional.

Artículo 263. Los miembros del Consejo Central de Elecciones elegidos con base a los Decretos Constituyentes Nos. 17 y 18, de fecha 3 de noviembre de 1982, publicados en el Diario oficial N.º 203, Tomo 277, de fecha 4 del mismo mes y año, continuarán en sus funciones hasta el día 31 de julio de 1984.

Artículo 264. Mientras no se erija la jurisdicción agraria, seguirán conociendo en esta materia las mismas instituciones y tribunales que de conformidad a las respectivas leyes tienen tal atribución aplicando los procedimientos establecidos en las mismas.

Artículo 265. Reconócese la vigencia de todas las leyes y decretos relativos al proceso de la Reforma Agraria en todo lo que no contradigan el texto de esta Constitución.

Artículo 266. Será obligación del Estado establecer los mecanismos necesarios para garantizar el pago del precio o indemnización de los inmuebles por naturaleza, por adherencia y por destinación de uso agrícola, ganadero y forestal, expropiados como consecuencia de disposiciones legales que introdujeron cambios en el sistema de propiedad o posesión de los mismos. Una ley especial regulará esta materia.

Artículo 267. Si la tierra que excede los límites máximos establecidos en el **Artículo** 105 de esta Constitución, no fuere transferida en el plazo que allí se contempla por causa imputable al propietario, podrá ser objeto de expropiación por ministerio de ley, y la indemnización podrá no ser previa.

Los conceptos campesino y agricultor en pequeño deberán definirse en la ley.

Artículo 268. Se tendrán como documentos fidedignos para la interpretación de esta Constitución, además del acta de la sesión plenaria de la Asamblea Constituyente, las grabaciones magnetofónicas y de audio video que contienen las incidencias y participación de los Diputados Constituyentes en la discusión y ampliación de ella, así como los documentos similares que se

elaboraron en la Comisión Redactora del Proyecto de Constitución. La Junta Directiva de la Asamblea Legislativa deberá dictar las disposiciones pertinentes para garantizar la autenticidad y conservación de tales documentos.
Artículo 269. En caso de que por fuerza mayor o caso fortuito, debidamente calificado por la Asamblea Legislativa, no pudieren efectuarse las elecciones para Presidente y Vicepresidente de la República en la fecha señalada en el Decreto Constituyente N.º 36, de fecha 22 de noviembre de 1983, publicado en el Diario Oficial N.º 225, Tomo 281, de fecha 5 de diciembre del mismo año, la misma señalará una nueva fecha. Tanto para la calificación del hecho como para el señalamiento de la nueva fecha de celebración de las elecciones, se necesitará el voto de las tres cuartas partes de los diputados electos.
Artículo 270. Lo dispuesto en el inciso tercero del **Artículo** 106 de esta Constitución no se aplicará a las indemnizaciones provenientes de expropiaciones efectuadas con anterioridad a la vigencia de esta misma Constitución.
Artículo 271. La Asamblea Legislativa deberá armonizar con esta Constitución las leyes secundarias de la República y las leyes especiales de creación y demás disposiciones que rigen las Instituciones Oficiales Autónomas, dentro del período de un año contado a partir de la fecha de vigencia de la misma, a cuyo efecto los órganos competentes deberán presentar los respectivos proyectos, dentro de los primeros seis meses del periodo indicado.
Artículo 272. Todo funcionario civil o militar deberá rendir la protesta a que se refiere el **Artículo** 235, al entrar en vigencia esta Constitución.
Artículo 273. Esta Asamblea se constituirá en Legislativa el día en que entre en vigencia la Constitución y terminará su período el día treinta de abril de mil novecientos ochenta y cinco.

Título IX. Vigencia
Artículo 274. La presente Constitución entrará en vigencia el día 20 de diciembre de 1983, previa publicación en el Diario Oficial el día 16 de diciembre de 1983.
DADO EN EL SALÓN DE SESIONES DE LA ASAMBLEA CONSTITUYENTE; PALACIO LEGISLATIVO: San Salvador, a los quince días del mes de diciembre de mil novecientos ochenta y tres.
Roberto D'aubuisson Arrieta

Presidente
Diputado por el Departamento de San Salvador
Hugo Roberto Carrillo Corleto
Vicepresidente
Diputado por el Departamento de Santa Ana
María Julia Castillo Rodas
Vicepresidente
Diputada por el Departamento de San Salvador
Hugo César Barrera Guerrero
Primer Secretario
Diputado por el Departamento de San Salvador
José Francisco Merino López
Primer Secretario
Diputado por el Departamento de San Miguel
Rafael Morán Castaneda
Primer Secretario
Diputado por el Departamento de Ahuachapán
Héctor Tulio Flores Larín
Segundo Secretario
Diputado por el Departamento de Usulutan
Antonio Gustavo Pastore Mendoza
Segundo Secretario
Diputado por el Departamento de San Salvador
Mercedes Gloria Salguero Gross
Segundo Secretario
Diputada por el Departamento de Santa Ana
Alfonso Aristides Alvarenga
Diputado por el Departamento de San Salvador
Rodolfo Antonio Castillo Claramount
Diputado por el Departamento de San Salvador
Ricardo González Camacho
Diputado por el Departamento de San Salvador
Guillermo Antonio Guevara Lacayo
Diputado por el Departamento de San Salvador

75

José Humberto Posada Sánchez
Diputado por el Departamento de San Salvador
Julio Adolfo Rey Prendes
Diputado por el Departamento de San Salvador
Luis Nelson Segovia
Diputado por el Departamento de San Salvador
Mauricio Armando Mazier Andino
Diputado por el Departamento de San Salvador
Juan Antonio Martínez Varela
Diputado por el Departamento de San Salvador
Félix Ernesto González Acevedo
Diputado por el Departamento de Santa Ana
Fantina Elvira Cortez V. de Martínez
Diputada por el Departamento de Santa Ana
Rafael Antonio Peraza Hernández
Diputado por el Departamento de Santa Ana
Juan Ramón Toledo
Diputado por el Departamento de Santa Ana
Carlos Alberto Funes
Diputado por el Departamento de San Miguel
Herbert Prudencio Palma Duque
Diputado por el Departamento de San Miguel
Rafael Soto Alvarenga
Diputado por el Departamento de San Miguel
David Humberto Trejo
Diputado por el Departamento de San Miguel
Ricardo Edmundo Burgos
Diputado por el Departamento de La Libertad
Manuel Mártir Noguera
Diputado por el Departamento de La Libertad
Juan Francisco Puquirre González
Diputado por el Departamento de La Libertad
Liliana Rosa Rubio de Valdéz
Diputada por el Departamento de La Libertad

Héctor Manuel Araujo Rivera
Diputado por el Departamento de Usulután
Luis Roberto Hidalgo Zelaya
Diputado por el Departamento de Usulután
Ricardo Arnoldo Pohl Tavarone
Diputado por el Departamento de Usulután
Ángel Armando Alfaro Calderón
Diputado por el Departamento de Sonsonate
Hernán Antonio Castillo Garzona
Diputado por el Departamento de Sonsonate
Carlos Alberto Madrid Zúniga
Diputado por el Departamento de Sonsonate
Jorge Alberto Zelada Robredo
Diputado por el Departamento de Sonsonate
Mauricio Adolfo Dheming Morrissey
Diputado por el Departamento de La Unión
José Septalin Santos Ponce
Diputado por el Departamento de La Unión
Macla Judith Romero de Torres
Diputada por el Departamento de la Unión
José Napoleón Bonilla Alvarado
Diputado por el Departamento de La Paz
José Alberto Buendía Flores
Diputado por el Departamento de La Paz
Jesús Alberto Villacorta Rodríguez
Diputado por el Departamento de La Paz
Lucas Asdrúbal Aguilar Zepeda
Diputado por el Departamento de Chalatenango
Carlos Arnulfo Crespín
Diputado por el Departamento de Chalatenango
Pedro Alberto Hernández Portillo
Diputado por el Departamento de Chalatenango
Marina Isabel Marroquín de Ibarra
Diputada por el Departamento de Cuzcatlán

Carmen Martínez Cañas de Lazo
Diputada por el Departamento de Cuzcatlán
Jorge Alberto Jarquín Soza
Diputado por el Departamento de Cuzcatlán
Antonio Enrique Aguirre Rivas
Diputado por el Departamento de Ahuachapán
Luis Ángel Trejo Sintigo
Diputado por el Departamento do Ahuachapán
José Luis Chicas
Diputado por el Departamento de Morazán
Alfredo Márquez Flores
Diputado por el Departamento de Morazán
Ramiro Midence Barrios Zavala
Diputado por el Departamento de Morazán
Oscar Armando Méndez Molina
Diputado por el Departamento de San Vicente
José Armando Pino Molina
Diputado por el Departamento de San Vicente
Daniel Ramírez Rodríguez
Diputado por el Departamento de San Vicente
Mario Enrique Amaya Rosa
Diputado por el Departamento de Cabañas
Jesús Dolores Ortiz Hernández
Diputado por el Departamento de Cabañas
Roberto Ismael Ayala Echeverría
Diputado por el Departamento de Cabañas
D.L. N.º 234. Tomo N.º 281, Fecha: 16 de Diciembre de 1983

REFORMAS:
[1] D.L. N.º 64 emitido el 31 de octubre de 1991, publicado en el D.O. N.º 217, tomo n.º 313 del 20 de noviembre de 1991.
[2] D.L. N.º 152 emitido el 30 de enero de 1992, publicado en el D.O. N.º 19, tomo n.º 314 del 30 de enero de 1992.

[3] D.L. N.º 860 emitido el 21 de abril de 1994, publicado, en el D.O. N.º 88, tomo n.º 323 del 13 de mayo de 1994.

[4] D.L. N.º 165 emitido el 20 de octubre de 1994, publicado en el D.O. N.º 196, tomo n.º 325 del 24 de octubre de 1994.

[5] D.L. N.º 166 emitido el 20 de octubre de 1994, publicado en el D.O. N.º 196, tomo n.º 325 del 24 de octubre de 1994.

[6] D.L. N.º 743 emitido el 27 de junio de 1996, publicado en el D.O. N.º 128, tomo n.º 332 del 10 de julio de 1996.

[7] D.L. N.º 744 emitido el 27 de junio de 1996, publicado en el D.O. N.º 129, tomo n.º 332 del 10 de julio de 1996.

[8] D.L. N.º 745 emitido el 27 de junio de 1996, publicado en el D.O. N.º 129, tomo n.º 332 del 10 de julio de 1996.

[9] D.L. N.º 746 emitido el 27 de junio de 1996, publicado en el D.O. N.º 129, tomo n.º 332 del 10 de julio de 1996.

[10] D.L. N.º 747 emitido el 27 de junio de 1996, publicado en el D.O. N.º 128, tomo n.º 332 del 10 de julio de 1996.

[11] D.L. N.º 749 emitido el 27 de junio de 1996, publicado en el D.O. N.º 128, tomo n.º 332 del 10 de julio de 1996.

Notas

1. La Constitución, entró en vigencia el 20 de diciembre de 1983.
2. Para efectos de discusión y aprobación del Proyecto de la Constitución, la Asamblea Constituyente emitió un reglamento especial, mediante Decreto Constituyente N.º 32, emitido el 21 de julio de 1993; publicado en el D.O. N.º 142, tomo N.º 280, del 29 de julio de 1983.

Fuente:
Asamblea Legislativa de la República de El Salvador

Libros a la carta

A la carta es un servicio especializado para
empresas,
librerías,
bibliotecas,
editoriales
y centros de enseñanza;
y permite confeccionar libros que, por su formato y concepción, sirven a los propósitos más específicos de estas instituciones.

Las empresas nos encargan ediciones personalizadas para marketing editorial o para regalos institucionales. Y los interesados solicitan, a título personal, ediciones antiguas, o no disponibles en el mercado; y las acompañan con notas y comentarios críticos.

Las ediciones tienen como apoyo un libro de estilo con todo tipo de referencias sobre los criterios de tratamiento tipográfico aplicados a nuestros libros que puede ser consultado en Linkgua-ediciones.com.

Linkgua edita por encargo diferentes versiones de una misma obra con distintos tratamientos ortotipográficos (actualizaciones de carácter divulgativo de un clásico, o versiones estrictamente fieles a la edición original de referencia).

Este servicio de ediciones a la carta le permitirá, si usted se dedica a la enseñanza, tener una forma de hacer pública su interpretación de un texto y, sobre una versión digitalizada «base», usted podrá introducir interpretaciones del texto fuente. Es un tópico que los profesores denuncien en clase los desmanes de una edición, o vayan comentando errores de interpretación de un texto y esta es una solución útil a esa necesidad del mundo académico.

Asimismo publicamos de manera sistemática, en un mismo catálogo, tesis doctorales y actas de congresos académicos, que son distribuidas a través de nuestra Web.

El servicio de «libros a la carta» funciona de dos formas.

1. Tenemos un fondo de libros digitalizados que usted puede personalizar en tiradas de al menos cinco ejemplares. Estas personalizaciones pueden ser de todo tipo: añadir notas de clase para uso de un grupo de estudiantes,

introducir logos corporativos para uso con fines de marketing empresarial, etc. etc.

2. Buscamos libros descatalogados de otras editoriales y los reeditamos en tiradas cortas a petición de un cliente.